【诸子如是说】系列

一本职场与中小学生国学教育的普及读物

荀子原来这样说

姜正成◎编著

中国华侨出版社

图书在版编目(CIP)数据

荀子原来这样说/姜正成 编著. —北京：中国华侨出版社，2012.5（2021.2重印）

ISBN 978-7-5113-2279-1

Ⅰ.①荀… Ⅱ.①姜… Ⅲ.①荀况(前313~前238)-哲学思想-通俗读物 Ⅳ.①B222.6-49

中国版本图书馆 CIP 数据核字 （2012）第 059368 号

●荀子原来这样说

编　　著	姜正成
责任编辑	崔卓力
责任校对	志　刚
版式设计	丽泰图文设计工作室／桃子
经　　销	全国新华书店
开　　本	710×1000毫米　1/16开　印张/17　字数/238千字
印　　刷	三河市嵩川印刷有限公司
版　　次	2012年6月第1版　2021年2月第2次印刷
书　　号	ISBN 978-7-5113-2279-1
定　　价	42.00元

中国华侨出版社　北京市朝阳区静安里26号通成达大厦3层　邮编:100028
法律顾问:陈鹰律师事务所
编辑部：(010) 64443056　64443979
发行部：(010) 64443051　传真：(010) 64439708
网　　址：www.oveaschin.com
E-mail：oveaschin@sina.com

前　言

书籍是人类知识的载体、智慧的结晶和进步的阶梯。中华文化博大精深、源远流长，纵使生活在今天的我们，仍然可以感受到那些先哲们智慧的闪光。这就是经典文化的魅力。

在古今中外汗牛充栋的书籍中，你或许总是犹豫徘徊，不知看什么书才好。其实，要看就要看经典的书籍。经典就是文化共同体中经过时间的检验而最终被人们选择和流传下来的，涵蕴着宇宙、历史、人生之常理常道的原创性的典范之作，也是人类文化中恒久的、素朴的、直探人性本源的、最有价值和意义的精华部分。为什么我们后人看得比前人还远呢？那是因为我们站在了巨人的肩膀上。

所以，我们一定要热爱阅读经典。要学习、了解中国经典哲学，首先必须阅读以孔、墨、老、庄、孟、荀、韩等为代表的先秦哲学经典，因为它是体认本民族的哲学智慧、进行传承和综合创新的基础。让我们随着经典名作走进历史的隧道与时间的空格，倾诉、沟通、领悟、寄托……

春秋战国，是中国历史上的第一个黄金时代。诸子并出，百家争鸣，到了荀子这里画上了圆满的句号。荀子的学说可谓是具有划时代意义。他是"百家争鸣"的集大成者，继孟子之后先秦儒家的最后一位大师，中国古代杰出的唯物主义思想家、教育家。我国近代学者对荀子的评价颇高。冯友兰说："孟子之后，儒者无杰出之士，至荀卿而儒家壁垒又一新。"谭嗣同说:"两千年来之学,荀子也。"梁启超说:"自秦汉以后,政治学术,皆出于荀子。"可见,荀子对后人的影响之大。

关于命运:荀子提出:"天道有常,不为尧存,不为桀亡。"首先充分肯定了事物发展变化的规律性,认为自然万物有自己运动发展的客观规律,不以人的意志为转移。把"天道"与"人道"区分开来。强调在尊重自然的基础上利用和改造自然,肯定了人的主观能动性,表现了人定胜天的大无畏气概。

关于人性:荀子提出:"人之性恶,其善者,伪也。"荀子认为人性本恶,与孟子的"性善论"截然相反。荀子"性恶论"强调道德之善不是人的自然属性中固有的东西,而是要靠人为的努力去建构的。通过人为的努力建构道德文明,从而防止人性欲望无限制膨胀可能产生的恶果。

关于品格:荀子提出:"端然正己,不为物倾侧,夫是之谓诚君子。"荀子认为做人要有好的品格修养。君子应该不为名誉所利诱,不被诽谤所恐吓,以道义为准则,谨慎言行,不为外物所倾倒。

关于礼仪:荀子提出:"人无礼则不生,事无礼则不成,国家无礼则不宁。"荀子极其推崇"礼"的作用,认为"礼"无论是对于国家还是个人来说都是不可缺少的、至关重要的。如果人们都能遵守"礼",一切行动皆能"发乎情而止乎礼",则人们的情感和欲望都能得到适度的满足,而又不至于放任无度而导致争斗混乱。

关于治学:荀子提出:"学不可以已。"荀子认为人的起点都是平等的,只有通过学习,接受教育,才能改变自己的社会地位,改变自己的人生。荀子强调学习是一个长期积累的过程,所以"学不可以已"。

关于坚持:荀子提出:"锲而舍之,朽木不折;锲而不舍,金石可镂。"荀子论述学习与做事的态度和方法,一是强调一个"积"字,二是强调一个"一"字。所谓"积"是时间和精力的长期投入,是反复不断的训练与实践。所谓"一"就是学习与做事不可有浮躁之心，不要三心二意。

关于应变：荀子提出："物至而应，事起而辨，若是则可谓通士矣。"许多人在遇到危急的情况时，总是以激烈的情绪来应对，但事实上，这样不仅不能解决问题，反而会使问题变得更加复杂，所以，面对突如其来的事情，首先要做的是保持镇定，机智地应对。

关于荣辱：荀子提出："好荣恶辱，好利恶害，是君子小人之所同也；若其所有求之之道则异矣。"谁都喜欢荣耀，不喜欢耻辱。何谓荣？何谓辱？荀子又提出："先义而后利者荣，先利而后义者辱"。每一个人心中都有一个荣辱的杠杆，只不过人生观价值观不同罢了。

本书收录了荀子的经典名句，以及这些经典名句对后人的启发。本书将荀子的重要思想详尽地陈述了出来。穿越几千年的历史时空，荀子原来这样说过命运、人性、品格、礼仪、治学、坚持、应变、荣辱。本书通过生动有趣的实例和深入浅出的分析，启迪你的智慧，照亮你的人生之路，为你开启成功之门。

目 录

第一章 人定胜天——荀子这样说命运

荀子曰："天道有常，不为尧存，不为桀亡。"荀子干脆把"天道"和"人道"之间的神秘关系一刀两断，告诉人们这两者之间没有那种神神秘秘的关系。直视天人关系，第一次从理论上明确地把人与神、人类社会与自然界区分开来，高扬了理性的精神，是对天命论的有力批判。荀子强调了在尊重自然的基础上利用和改造自然，肯定了人的主观能动性，表现了人定胜天的大无畏气概。

出身不由己，后天亦可改 …………………………………… 003
怨天尤人，乃无知者所为 …………………………………… 006
君子贫穷要志广 ……………………………………………… 009
临渊羡鱼，不如退而结网 …………………………………… 012
不行不至，不为不成 ………………………………………… 016

第二章 化性起伪——荀子这样说人性

荀子曰:"人之性恶,其善者,伪也。"荀子的"性恶论"与孟子的"性善论"截然相反。荀子认为,人不仅生而具有饮食男女、声色犬马之情,同时还生而具有贪得好利、妒忌暴虐之性。若是依顺人的情欲、放纵人的本性,则必然产生争夺、淫乱,辞让忠信、礼义廉耻将丧失殆尽,社会也将陷入混乱、崩溃。因此,荀子得出结论:人性是恶的,善是后天人为的。

人性本恶,人为可善 …………………………………… 023

弃恶扬善,改造本性 …………………………………… 027

情欲难逃,可以束缚 …………………………………… 031

积善成德,勿以善小而不为 …………………………… 035

人情不美,不可不防 …………………………………… 039

切勿凭己好恶行事 ……………………………………… 042

君子小人细节中 ………………………………………… 046

君子之交淡如水 ………………………………………… 049

与人为善,以和为贵 …………………………………… 053

第三章 端然正己——荀子这样说品格

荀子曰:"端然正己,不为物倾侧,夫是之谓诚君子。"荀子的意思是说君子以道义为准则,谨慎言行,不为外物动摇,这样的人才称得上是真正的君子。身处乱世,荀子刚正不阿,嫉恶如仇。他以"古之所谓士者"的忠实敦厚、谦虚温和、乐善好施、遵纪守法、兢兢业业等美德懿行,与"今之所谓士者"的诡诈龌龊、贪得无厌、违法乱纪、恣意妄为等作对比,强烈地表达了自己的耻感文化品格。

端正自己,不为利所诱 ………………………………… 059

身正心平，流言自破 …… 063
温和敦厚，做人之本 …… 067
君子善于诚 …… 070
贤而能容，有容乃大 …… 073
君子耻于不信 …… 077
君子慎独，贵在自律 …… 081
见贤思齐，见不贤自省 …… 084

第四章 无礼不生——荀子这样说礼仪

中国是礼仪之邦。礼同时也是荀子社会政治思想的核心。在荀子这里，礼不仅是指西周以来的典章制度、礼仪规范的总和，更是治国理政的纲领，兼有道德与法度的双重内涵。小到个人视听言行的规范，中到婚丧嫁娶等具体事务的要求，大到尊卑上下的等级秩序，离开礼则寸步难行，其结果必然是个人行为失范、具体事务失调、国家秩序失正。荀子提出"人无礼则不生，事无礼则不成，国家无礼则不宁"，概括了礼于人、于事、于国家至关重要的意义。

谦逊有礼，强于戈矛之利 …… 091
富而不骄，灾祸可免 …… 095
人子当敬爱父母 …… 099
良言入耳三冬暖 …… 103
贵有师法，身正为范 …… 106
和睦协调，团结才能强大 …… 110
夫妻循礼，百年好合 …… 113
独断专行得不到人尊敬 …… 117
谨慎言行，以免招祸 …… 121

第五章 学而不已——荀子这样说治学

荀子曰："学不可以已。"人生有涯而学无涯矣。在荀子看来，学习在于不断积累，唯有勤奋好学、持之以恒，才能学有所成。学海无涯，学无止境。中华文化博大精深，是不可能学习完的。故此，学习不能骄傲自满，否则，很难学到更新更多的知识。"青，取之于蓝，而青于蓝"。学习要学会创新，学习更要有实事求是的精神。

活到老，学到老 …………………………………………… 127
学海无涯，不可自满 ……………………………………… 131
人贵有自知之明 …………………………………………… 134
反省自己，知明无过 ……………………………………… 138
学习可以改变命运 ………………………………………… 142
青出于蓝，而胜于蓝 ……………………………………… 146
坐而论道，不如起而行之 ………………………………… 149
博采众长，为我所用 ……………………………………… 153
不知则问，不能则学 ……………………………………… 156
信固然信，疑亦是信 ……………………………………… 160
持之有据，论之成理 ……………………………………… 164

第六章 锲而不舍——荀子这样说坚持

荀子曰："锲而舍之，朽木不折；锲而不舍，金石可镂。"这是一种治学的精神，也是一种铁棒磨成针、百折不挠的韧劲。做学问、干事业，贵在目标专一、矢志不移，最忌三心二意、见异思迁；贵在持之以恒、永不懈怠，最忌浅尝辄止、一曝十寒，否则必然或是半途而废，或是功败垂成。

专心致志，不可朝三幕四 ………………………………… 171

远离浮躁，万事可成 …………………………………… 175
持之以恒，才能取得成功 ………………………………… 179
不积跬步，无以至千里 …………………………………… 183
韬光养晦，坚韧不懈 ……………………………………… 187
失败是成功之母 …………………………………………… 191

第七章 物至而应——荀子这样说应变

荀子曰："物至而应，事起而辨，若是则可谓通士矣。"意思是说，能够随机应变，灵活处理各种复杂情况，如此堪称为通达事理之士。临危不乱，处变不惊，是一种能力的表现，是一种智慧与博学的体现，是一种儒雅的大将风度。

泰山崩于前而不惊 ………………………………………… 197
能屈能伸方为智者 ………………………………………… 200
避己之短，扬己之长 ……………………………………… 204
未雨绸缪，有备无患 ……………………………………… 208
与世并行，接物随世 ……………………………………… 212
事有两面，权衡利弊 ……………………………………… 216
福事则和，祸事则静 ……………………………………… 220
祸患皆源于细微 …………………………………………… 224
把握时机，见机而作 ……………………………………… 228

第八章 好荣恶辱——荀子这样说荣辱

荀子曰："好荣恶辱，好利恶害，是君子小人之所同也；若其所有求之之道则异矣。"意思是说，喜欢荣耀而厌恶耻辱，爱好利益而憎恶祸害，这一点君子和小人也没有什么区别，只是他们获取荣耀和利益的途径不同罢了。荣辱是事关每一个人身前死后名的大事。好荣恶辱、好利恶害是人的本性，在这一点上君子小人并无二致，区别只在于各自心中荣辱的标准不同。

  贪图安逸，自毁前程 …………………………………… 233

  先义而后利者荣耀 …………………………………… 237

  争名逐利引祸端 ……………………………………… 241

  知足者长寿，忧惧者短命 …………………………… 246

  当做君子，勿做小人 ………………………………… 250

  身外无一物，万事皆平常 …………………………… 254

第一章 人定胜天
——荀子这样说命运

　　荀子曰："天道有常，不为尧存，不为桀亡。"荀子干脆把"天道"和"人道"之间的神秘关系一刀两断，告诉人们这两者之间没有那种神神秘秘的关系。直视天人关系，第一次从理论上明确地把人与神、人类社会与自然界区分开来，高扬了理性的精神，是对天命论的有力批判。荀子强调了在尊重自然的基础上利用和改造自然，肯定了人的主观能动性，表现了人定胜天的大无畏气概。

出身不由己，后天亦可改

【原典】

荀子曰："天道有常，不为尧存，不为桀亡。"

【古句新解】

荀子说："大自然有自己的运行规律，不会因为尧是贤君而存在，也不会因为桀是暴君而灭亡。"

自我品评

"死生有命，富贵在天"，这是宿命论。在人类社会早期，生产力落后，认识水平低下，对自然及其规律所知甚少，因此，对"天"、"命运"诚惶诚恐。

在强权统治的社会，这种宿命论甚至起到了精神鸦片的作用，统治者竭力宣传它，如周武王伐纣，宣扬"商罪贯盈，天命诛之"；伐纣成功，又宣扬"天体震动，用附我大邑国"。这种宿命论历代传承，统治者把自己装扮成"天子"，天生具有富贵享福的命运，以此来麻痹被统治阶级。

除此之外，生活中那些懒惰不思进取者、奋斗失败不愿振作者，也以此来安慰自己。

荀子所处的时代，社会上天命鬼神思想流行，认为天有意志能够主宰人类的吉凶祸福；天道和人事相互感应，天象的变化是由人的善恶引起的，也是人间福祸的预兆，天是人类道德的范本，天道是人类效法的对象。对此，荀子针锋相对、旗帜鲜明地指出："天行有常，不为尧存，不为桀亡。"

战国时期的大思想家荀子，则是批判和颠覆这种宿命论的先行者。

荀子分别论述了日月四季的变化、水旱等自然现象，批判了"治乱在天"的思想，提出日月、星辰、时序的气象变化在夏禹、夏桀的时代是相同的，可见安定、混乱并不在天，而是人为的结果。

荀子曰："强本而节用，则天不能贫；养备而动时，则天不能病；循道而不贰，则天不能祸。"意思是如果人勤奋耕作、省俭节约，那么天也不能使其贫穷；如果人注意营养、锻炼身体，那么天也不能使其患疾；如果人按照一定的规律和程序办事而不出差错，那么天也不能使其遭祸。所以说，人的吉凶福祸，并不取决于天，而取决于人做什么以及如何做。

在2000多年前的战国时期，荀子对自然、对人生能有如此深刻的认识，实在难能可贵。

自从传言有人在萨文河畔散步时无意间发现金子后，这里便常有来自四面八方的淘金者。他们都想成为富翁，于是寻遍了整个河床，还在河床上挖出很多大坑，希望借助它们找到更多的金子。的确，有一些人找到了，但另外一些人因为一无所得只好扫兴归去。

也有不甘心落空的，便驻扎在这里，继续寻找。彼得·弗雷特就是其中的一员。他在河床附近买了一块没人要的土地，一个人默默地工作。他为了找金子，已把所有的钱都押在了这块土地上。他埋头苦干了几个月，直到土地全变成坑坑洼洼，他失望了——他翻遍了整块土地，但连一丁点儿金子都没看见。

6个月以后，他连买面包的钱都快没有了，于是他准备离开这儿到别处去谋生。

就在他即将离去的前一个晚上，天下起了倾盆大雨，并且一下就是三天三夜，雨终于停了，彼得走出小木屋，他发现眼前的土地看上去好像和以前不一样了：坑坑洼洼已被大水冲刷平整，松软的土地上

第一章 人定胜天
——荀子这样说命运

长出一层绿茸茸的小草。

"这里没找到金子，"彼得忽有所悟地说，"但这土地很肥沃，我可以用来种花，然后拿到镇上去卖给那些富人。他们一定会买些花装扮他们华丽的客堂。如果真这样的话，我一定会赚许多钱，有朝一日我也会成为富人……"

彼得仿佛看到了光明的未来，他美美地撇了一下嘴说："对，不走了，我就种花！"

于是，他留了下来。彼得花了不少精力培育花苗，不久田地里长满了美丽娇艳的各色鲜花。

他拿到镇上去卖，那些富人们一个劲地称赞："噢，多美的花，我们从来没见过这么美丽鲜艳的花！"他们很乐意付少量的钱来买彼得的花，以便使他们的家庭变得更漂亮。

5年后，彼得终于实现了他的梦想——成了一个富翁。

"我是唯一的一个找到真金的人！"他时常不无骄傲地告诉别人，"别人在这儿找到黄金之后便远远地离开了，而我的'金子'也是在这块土地里，只等诚实的人用勤劳去采集。"

由此可以看出，天不能主宰人，但人可以驾驭自己。人生在世，出身不由己。要想实现自己的理想，必须勇于奋斗，不为宿命论所蒙蔽。

怨天尤人，乃无知者所为

【原典】

荀子曰："自知者不怨人，知命者不怨天；怨人者穷，怨天者无志。"

【古句新解】

荀子说："有自知之明的人不埋怨别人，知道命运的人不埋怨天；埋怨别人的人常处于困境，埋怨天的人没有志向。"

自我品评

在荀子看来，怨天尤人不可取。怨天尤人就像精神的烈性毒药，只会带来更大的痛苦，并且使前进的动力逐渐消耗殆尽，最终形成恶性循环。

整天心怀怨气的人，总感觉生活对他不公平，而又希望一些神奇的力量改变那些使他产生怨恨的事情，使他得到补偿。从这个意义上来说，怨天尤人是对已发生之事的一种心理反抗或排斥。

怨天尤人的结果是自毁形象，得不偿失。就算抱怨的是真正的不公正与错误，它也不是解决问题的好方法，因为它很快就会转变成一种习惯情绪。一个人习惯地觉得自己是不公平的受害者，就会定位于受害者的角色上，并可能随时寻找外在的借口，想方设法去为自己辩护。

习惯性地怨天尤人一定会带来自怜，而自怜又是最坏的习惯。有

第一章 人定胜天
——荀子这样说命运

人说这类人只有在苦恼中才会感到适应，在这种埋怨和自怜的习惯作用下，他们会把自己想象成一个不快乐的可怜虫或者牺牲者。

一个人如果总是愤愤不平，他就不可能把自己看成自立、自强的人。怨天尤人的人把自己的命运交给别人，把自己的感受和行动交给别人支配。怨天尤人几乎是无道理可言的，就像毒蛇缠身，很难摆脱出来。若是有人给他快乐他也会怨天尤人，因为对方不是照他希望的方式给的；若是有人感激他，而且这种感激是出于欣赏他或承认他的价值，他还会怨天尤人，因为别人欠他的这些感激的债并没有完全偿还；若是生活不如意，他更会怨天尤人，因为他更会觉得生活欠他的太多。

其实，产生怨愤的真正原因是自己的情绪反应。因此，只有自己才有力量克服它，如果你能理解并且深信：怨天尤人与自怜不是取得成功与幸福的方法，你便可以控制并改变这种习惯。

荀子说，错误是自己造成的，你反而责怪别人，难道不是太不着边际了吗？

如果你想抱怨，生活中一切都会成为你抱怨的对象；如果你不抱怨，生活中的一切都不会让你抱怨。要知道，一味地抱怨不但于事无补，有时还会使事情变得更糟。所以，不管现状怎样，我们都不应该抱怨，而要靠自己的努力来改变现状并获得快乐与幸福。

有一头驴子掉到了一个陷阱里，怎么也爬不上来。主人看它已经是一头老驴子了，懒得去救它了，就自顾自地走了。驴子一开始还试图爬上去，后来看到主人放弃了自己，也放弃了求生的欲望。后来，驴子发现有人往陷阱里面倒垃圾，驴子很生气，一个劲地抱怨自己倒霉：先是掉到了陷阱里，然后被主人扔掉，现在就是死也不能死得舒服点——每天有那么多垃圾扔进井里，臭气熏天。可抱怨归抱怨，每天仍有人不断地往陷阱里倒垃圾。

有一天，驴子决定改变自己的人生态度，它闭上了抱怨的嘴巴，每天都把垃圾踩到自己的脚下，并且从垃圾中寻找残羹来维持自己的生命，而不是任由自己被垃圾埋掉。终于有一天，垃圾堆积到一定高度时，驴子重新回到了地面上。

其实，现实中也有一些和驴子一样的人，在困难面前总是选择抱怨，从而使困难越来越多，压得自己喘不过气来。最后被逼上绝路时，才猛然惊醒：抱怨是没有用的，抱怨只会让自己更加无助；与其在不如意时一味地抱怨，不如尝试着去改变自己，改变现状，将生活变得如意起来。没有一种生活是完美的，也没有一种生活会让人完全满意，虽然我们做不到从不抱怨，但我们却可以让自己少一些抱怨，多一些积极的心态去努力进取。因为如果抱怨成了一个人的习惯，就像搬起石头砸自己的脚，于人无益，于己不利。那样，生活就成了牢笼一般，没有了自由，处处不顺，处处不满，人生就会很累。与其抱怨，不如自由地生活。自由地生活着，本身就是最大的幸福。

是的，在人生的旅途中，最糟糕的境遇往往不是贫困，也不是厄运，而是精神和心境处于一种无知无觉的疲惫状态。本来活得好好的，各方面的环境都不错，然而你却常常心存不满。工作着的时候，你渴望着过一种自由自在、肆意放松的生活。真正无所事事时，你又企盼着工作时的那份充实和忙碌。有些人慢慢地在这样的心态中，开始习惯了抱怨。这些都是不可取的，怨天尤人，是无知者的行为。

有智慧的人从不怨天尤人，因为他们知道，任何事情，除了受客观条件制约外，都是自己的所作所为造成的。所以，切莫怨天尤人，要改变现状，相信事在人为。

君子贫穷要志广

【原典】

荀子曰:"君子贫穷而志广。"

【古句新解】

荀子说:"君子即使穷困潦倒但志向远大。"

自我品评

生活中,常会听到"人穷志短",说"人穷志短"的人,是因为他们没有战胜困难的意志和精神,也没有改变现状的勇气和决心。于是他们在贫穷中抱怨着、自卑着,日复一日地重复着繁重却不能摆脱贫穷的工作。殊不知,贫穷不是命里注定的,只要你有志气,只要你有改变它的勇气和决心,就一定能如你所愿。

是的,人一贫穷,自觉底气不足,见了有钱有势的人,往往觉得低人一等。但是,荀子却说:"君子贫穷而志广。"君子即使穷困潦倒但志向远大。换言之,真正有远大志向的人,是不会因为贫穷而气馁的。

关于"贫而志广",荀子非常赞赏原宪,他曾不止一次为他的弟子讲原宪的故事,以激励他们。

春秋时,原宪住在鲁国,一丈见方的房子,盖着茅草;用桑枝做门框,用蓬草做门;用破瓮做窗户,用破布隔成两间;屋顶漏雨,地面潮湿,他却端坐在那里弹琴。

子贡驾着马车，穿着白大褂，紫红的里子；小巷子容不得高大的马车驶进，他便走着去见原宪。

原宪戴顶破帽子，穿着破鞋，倚着藜杖在门口与子贡交谈。

子贡见原宪落魄的样子，便笑着问："呵！先生生了什么病吗？"

原宪回答说："我听说，没有钱叫做贫，有学识而无用武之地叫作病，现在我是贫，不是病。"

子贡听后，脸上露出羞愧的表情。

荀子告诫韩非、李斯等弟子，子贡自以为了不起，听了原宪对于贫穷的看法，使他羞愧不已。因为他自己实际上有病——心病，不能从高层次看待贫穷的问题，也忍受不了贫穷的生活，更不理解原宪处于穷困之中却胸怀大志。

荀子认为，贫穷并不可怕，可怕的是"贫而无志"，也就是没有远大志向，精神上的贫穷才是真正的贫穷。

事实也的确如此，对一个人来说，可怕的不是贫穷，而是自己对贫穷的妥协，志向的丧失。一个人如果没有志向这个"擎天柱"的支撑，其灵魂大厦必将会面临倒塌，他也就会随之胡思乱想，更可怕的是因此而走上邪路，那么，他将永无翻身之日，永远处于贫穷之中。

在荀子看来，"贫穷而志广"很可贵，但"宝贵而体恭"也不失为君子的风范。

法国富翁巴拉昂去世后，《科西嘉人报》刊登了他的一份特别遗嘱：

"我曾是穷人，但当我去世走进天堂时，我却是一个大富翁。在跨入天堂之门前，我不想把我的致富秘诀带走。在法兰西中央银行，有我一个私人保险箱，那里面藏有我的致富秘诀，保险箱的三把钥匙在我的律师和两位代理人手中。

谁若能通过回答"穷人最缺少的是什么"而猜中我的秘诀，他将得到我的祝贺。当然，那时我已不可能从墓穴中伸出双手为其睿智欢呼，但他可以从那只保险箱里荣幸地拿走100万法郎，那是我给予他

第一章 人定胜天
——荀子这样说命运

的掌声。"

遗嘱刊出后，《科西嘉人报》收到大量信件。绝大部分的人认为，穷人最缺少的是金钱。穷人还能缺少什么？当然是钱了。还有一部分人认为，穷人最缺少的是机会、穷人最缺少的是技能、穷人最缺少的是帮助和关爱。总之，答案五花八门。

一年后，也就是巴拉昂逝世周年纪念日，律师和代理人按巴拉昂生前的交代，在公证部门的监督下打开了那只保险箱。

在 48561 封来信中，一位叫蒂勒的小姑娘猜对了巴拉昂的秘诀。蒂勒和巴拉昂都认为，穷人最缺少的是野心，即成为富人的野心。

颁奖之日，主持人问 9 岁的蒂勒，为什么想到是野心，而不是其他。她说："每次，我姐把她 11 岁的男友带回家时，总是警告我：'不要有野心！不要有野心！'我想，也许野心可让人得到自己想得到的东西。"

从这个例子可以看出，富人也并不是生来就是富人，他们也是通过自己的努力一步步走向富裕的。

"非淡泊无以明志，非宁静无以致远。"是诸葛亮 54 岁时写给他 8 岁儿子诸葛瞻的《诫子书》。这既是诸葛亮一生经历的总结，更是他对儿子的要求。在这里用现代话来说："不把眼前的名利看得轻淡就不会有明确的志向，不能全神贯注地学习，就不能实现远大的目标。"

"淡泊以明志，宁静而志远"，这是一句富含哲理的话。这同"要想取之，必先予之"，"欲达目的，需先迂回曲折"的道理一样，现在的"淡泊"、"宁静"求清净，不想有什么作为，是要通过学习"明志"，树立远大的志向，待时机成熟就可以"致远"，轰轰烈烈干一番事业。

看来，换言之，可以说成是"君子非贫穷无以致远"。当然，这样说，未免有些偏激。但我们必须明白：在物质上的贫穷并不可怕，可怕的是精神上的贫穷。只要敢于面对贫穷、挑战贫穷，就一定能战胜贫穷。

临渊羡鱼，不如退而结网

【原典】

荀子曰："君子敬其在己者，而不慕其在天者，是以日进也。"

【古句新解】

荀子说："君子注重自己的努力，而不羡慕上天的恩赐，所以天天进步。"

自我品评

由"天人之分"这一理念出发，荀子肯定人的主观能动作用，认为君子更注重自己的主观努力，竭尽所能承担起自己的职责，而不是徒然羡慕、消极等待上天的恩赐，所以能够不断进步。

宋代理学家程颢说："病学者厌卑近而骛高远，卒无成焉。"（《宋史·道学传一·程颢传》）其实，好高骛远、眼高手低不仅是学者的毛病，也是所有人的通病。

汉代王符在《潜夫论》中说："大人不华，君子务实。"临渊羡鱼，不如退而结网。与其不度德、不量力地好高骛远、好大喜功，不如把理想放得低一些却孜孜不倦地追求，把目标定得近一些却一步一步地去接近。"终日抄药方而不能疗一疾，终日写路程而不能行一步"（清·申涵光《荆园小语》），连篇累牍地抄写药方而不用药，什么病也治不好；挖空心思地设计行程而不上路，一步也不能前进。

有一个古老的说法是这样的："没有任何想法比这个念头更有力

第一章 人定胜天
——荀子这样说命运

量,那就是时候到了!"就我的看法而言,创造出天地万物的全能上帝不会毫无缘故地赋予你希望、梦想或创意,除非你行动的时刻已到!

大多数人不成功或是只能庸庸碌碌,并不是因为他们懒惰、愚蠢,而是因为他们没有做对事:他们不晓得成功和失败的分别何在。要达到成功的第一条守则就是:开始行动,向目标前进!而第二条守则是:每天持续行动,不断地向前进!

从长期对体重过重的人做咨询的经验中,我们还可学到另一项原理:许多肥胖的人会以肥胖为理由,拒绝做某些事。例如,他们会说:"当我瘦下来时,我就可以搭游艇",或"我就可以得到另一份工作",或"我将可以搬家",或"我就会寻得一份亲密关系"等。他们像是住在一个神秘的地方,丹尼斯·维特利把这个地方叫做"未来幻像岛"。在"未来幻像岛"上,每件事似乎都可能发生,但实际上却没有任何事情会真的实现,因为你永远都到不了这个地方。

不要等待奇迹发生,要开始实践你的梦想。今天就开始行动!对肥胖的人来说,每天散散步也不是件大不了的事,但是一旦付诸实行后,这就是一件大事。何况,散步的确会让你的体重明显下降。

有一位名叫丽莎的美国女孩,她的父亲是波士顿有名的外科整形医生,母亲在一家声誉很好的大学担任教授。她的家庭对她有很大的帮助和支持,她完全有机会实现自己的理想。她从念中学起,就一直梦想当电视节目的主持人。她觉得自己具有这方面的才能,因为每当她和别人相处时,即使是陌生人也愿意亲近她并和她长谈。她知道怎样从人家嘴里"掏出心里话"。她的朋友们称她是他们的"亲密的随身精神医生"。她自己常说:"只要有人愿给我一次上电视的机会,我相信自己一定能成功。"

但是,她为实现这个理想而做了些什么呢?其实什么也没有做!她在等待奇迹出现,希望一下子就当上电视节目的主持人。

丽莎不切实际地期待着,结果什么奇迹也没有出现。

谁也不会请一个毫无经验的人去担任电视节目主持人,而且节目的主管也没有兴趣跑到外面去搜寻天才，都是别人去找他们。

另一个名叫乔锐的女孩却实现了自己和丽莎同样的理想，成了著名的电视节目主持人。乔锐之所以会成功，就是因为她知道"天下没有免费的午餐"，一切成功都要靠自己的努力去争取。她不像丽莎那样有可靠的经济来源，所以没有傻傻地等待机会出现。她白天去做工，晚上在大学的舞台艺术系上夜校。毕业之后，她开始谋职，跑遍了洛杉矶每一家广播电台和电视台。但是，每个地方的经理对她的答复都差不多："不是已经有几年工作经验的人，我们不会雇用的。"

但是，她不愿意退缩，也没有消极地等待机会，而是走出去寻找机会。她一连几个月仔细阅读广播电视方面的杂志，最后终于看到一则招聘广告：北达科他州有一家很小的电视台招聘一名预报天气的女孩子。

乔锐是加州人，不喜欢北方。但是，有没有阳光、是不是下雨都没有关系，她希望找到一份和电视有关的职业，干什么都行！她抓住这个工作机会，动身到北达科他州。

乔锐在那里工作了两年，之后在洛杉矶的电视台找到了一个工作。又过了五年，她终于得到提升，成为她梦想已久的电视节目主持人。

为什么丽莎失败了，而乔锐却如愿以偿呢？

因为丽莎在10年当中，一直停留在幻想上，坐等机会；而乔锐则是采取行动，最后，终于实现了理想。

幻想只会使任何轻松的事情变得困难重重，唯有把握现在，立刻行动，任何困难都可化为轻松。

行动的步骤应该有哪些？把它们一一列出来。然后，开始逐项实行。今天马上行动！明天也不能懈怠！每天都要持续行动，起步向前走！

如果你要扩展销售业绩，你的行动项目就应该包括增加打电话的次数。如果你只打了几个电话，应该再多打几个，设定每天的目标，并且实现它。

如果你想换工作，需要接受特殊的职业教育训练，马上报名参加，缴学费、买书、上课，并且认真做功课。

如果你想学油画，先找到适合你的老师，购买需要的画具，然后开始练习作画。

正如英国一位国教教主所说："我年少时意气风发，踌躇满志，当时曾梦想要改变世界，但当我年事渐长，阅历增多，我发觉自己无力改变世界，于是我缩小了范围，决定先改变我的国家。但这个目标还是太大，我发觉自己还是没有这个能力。接着我步入了中年，无奈之下，我将试图改变的对象锁定在最亲密的家人身上，但上天还是不从人愿，他们个个还是维持原样。当我垂垂老矣，我终于顿悟了一些事：我应该先改变自己，用以身作则的方式影响家人。若我能先当家人的榜样，也许下一步就能改善我的国家，将来我甚至可以改造整个世界，谁知道呢？"

行动是敲开成功之门的有力手段，或者说，只坐在那儿想打开人生局面，无异于痴人说梦，只有靠自己的双手行动起来，才能有成功的可能性。"临渊羡鱼，不如退而结网"。

不行不至，不为不成

【原典】

荀子曰："道虽小，不行不至；事虽小，不为不成。"

【古句新解】

荀子说："路途虽然很近，但不走就不会到达；事情虽然很小，但不做就不会成功。"

自我品评

人有两种能力，思维能力和行动能力，没有达到自己的目标，往往不是因为思维能力差，而是因为行动能力弱。

这个看似人人皆知的道理，许多人并没有给予足够的重视。他们常常把失败归于外部因素，而不是从自身找原因。其中很重要的一条是：这些人常常是幻想大师，面对那些看不见、摸不着的东西心动不已，总以为光凭自己的意愿就能实现人生理想，就能过上自己想过的生活，就能成为一个被人羡慕的人。归根结底，他们之所以没有成功，就在于他们都是"心动专家"，而不是"行动大师"。

有这样一个有趣的故事：

古时候，在四川的偏远地区有两个和尚，一个贫穷，一个富裕。

有一天，穷和尚对富和尚说："我想到南海去，你看怎么样？"

富和尚说："你凭什么去呢？"

穷和尚说："我有一个水瓶、一个饭钵就足够了。"

第一章 人定胜天
——荀子这样说命运

富和尚说:"我多年来就想租条船沿着长江而下,现在还没做到呢,你怎么能做到?!"

第二年,穷和尚从南海归来,把到过南海的事告诉富和尚,富和尚深感惭愧。

穷和尚和富和尚的故事,说明了一个简单的道理:说一尺不如行一寸。

其实,心动并没有错,错的是许多人只有心动而没有行动,因此常常是竹篮打水一场空。当然,也有些人是想得多干得少,这些人只比那些纯粹的"心动专家"强一点而已。

在荀子看来,一百次心动,不如一次行动。行动才会产生结果,行动才有可能成功。任何目标、计划,唯有付诸行动才有意义。

拿破仑说:"想得好是聪明,计划得好更聪明。做得好是最聪明又最好。"成功要有明确的目标,这没有错,但这只相当于给你的汽车加满了油,弄清了前进的方向和线路。要想抵达目的地,还得把车开动起来,并保持足够的动力。

成功者不是一个只有梦想、只做计划、只善空谈的人,他是行动者,是一个会把梦想和计划付诸行动的人。我们目睹了无数有天赋的人的失败,他们不能有效利用自己的能力,其中的原因就在于,他们回避变化,害怕变化,他们随遇而安,不思进取,对于未来不能确定的事情不肯投入,害怕自己受伤害,害怕面对不确定。

所以,不要害怕变化,而是要张开双臂欢迎它。变化并非一定就是负面的,全看你是否能主动采取行动,掌握它、支配它。不会行动的人,只有等待变化来把他吞没。

心动不如行动。很多人有一些前景非常看好的构想,有的在生意上有一些非常有创意的想法,然而,他们总是迟迟不肯行动,以致最终都被别人抢了先机。不要为自己寻找借口,我们要从今天开始,从现在开始。不要总是等待时机,外界的条件永远不可能尽善尽美。如果有了目标,需要的就是马上行动。

找出你内心真正的渴望，找准你的目标，而后，义无反顾地完成它。不要逃避，不要放弃，要始终如一，坚守目标，要把一切艰难挫折当做使自己更强大、更坚决的机会。

要随时准备做出艰难的决定，要从日常生活中最细小的事情做起。重要的不在于行动有多浩大，而在于是否去行动，是否能够坚持，直到目标完成。

事实上，成功的最大阻碍来自一个人的惰性。如果我们希望控制环境，而不是让环境控制我们，那么，就必须克服惰性，必须立即行动。只有行动才能帮助你实现自己的目标。

但是，在所谓的风平浪静的生活中，你也许经常听到一些人这样的话："我要等等看，情况会好转的。"成功的最大敌人就是凡事等待明天。对于有些人来讲，这似乎已经成为他们习以为常的生活方式。他们明日复明日，因而总是碌碌无为。

蒙田曾指出："那些真正的哲人、圣者，在探求真理方面很伟大，他们在行动上也一定很伟大……无论举出什么样的证据和例子，我们都可以看出，他们的精神是那样崇高，他们的心灵是那样充实，他们的灵魂是那样高洁，他们就像知识的海洋……这些哲人、智者高高地在太空中遨游。"可见，行动对一个人的重要性已是不言而喻。

德谟斯特斯是古希腊的雄辩家，有人问他雄辩之术的要领是什么？

他说："行动。"

第二点呢？"行动。"

第三点呢？"仍然是行动。"

对成功者而言，拖延是最具破坏性也是最危险的恶习。那些成功人士奉行这样的格言："拖延、迟缓无异于死亡。"一旦开始拖延，你就很容易再次拖延，直到它们变成根深蒂固的恶习。可悲的是，拖延的恶习也有累积性，唯一的解决良方，就是行动。当真的放手去做时，你会发现，你正迅速改变自身的状况。正如英国前首相及小说家本杰明·狄斯雷利所说："行动未必总能带来幸福，但没有行动一定没有幸福。"

第一章 人定胜天
——荀子这样说命运

成功总是青睐意志坚定、行动迅速的人。这种人不但善于作出决定，而且善于执行决定。只有行动了，才知道自己的方向对不对。

成功者也不是完人，也会有各种各样的缺点，但他了解自己的思想。然而如果你瞻前顾后，习惯犹豫不决，不知道自己真正需要什么，那么你将永远不可能成功。成功者知道自己需要什么，并且努力追求。他会犯错误，会遇到挫折，但他总能迅速地站起来，继续前行。

拖延，是恐惧的产物，成功的克星。要想克服恐惧，就必须毫不犹豫地起而行动，心里的烦躁才会一扫而光。

"马上行动起来，现在必须行动"，你要一遍又一遍，每一小时、每一天都要重复这句话，一直重复到这句话如同你自己呼吸的次数一样多；而跟在它后面的行动，要像你眨眼睛一样迅速。任何时刻，当感到推拖的恶习正悄悄地向你靠近，甚或已缠上你，使你动弹不得，你都需要用这句话提醒自己。

生命中真正的财富往往属于那些能以积极行动寻求的人。成功不会由捧着锦旗徽章、伴着敲锣打鼓的队伍送来的，它只属于长期艰苦努力埋头苦干的人。采取主动，就能创造自己的机会，缜密思考策划的行动，是没有任何东西可以取代的。

立即行动！在人生每一个阶段的各个方面都要积极地立即行动。它可以帮助你做应该做却不想做的事情，对不愉快的工作不再拖延，抓住稍纵即逝的宝贵时机，从而实现梦想，完善你的人生。"明日复明日，明日何其多"。在一个人的生命中，拥有的只有今天和现在的行动，而不是明日复明日的等待。

梦想是成大事者的起跑线，决心是起跑时的号角，行动才是竞赛者到达终点的过程，唯有坚持到最后一秒，才是成功。一次行动胜于千百个念头，成大事的关键在于行动。不要等待时来运转，也不要由于等不到而恼火和委屈，要从小事做起，要用行动争取胜利。

心动不如行动。虽然行动不一定成功，但不行动必定失败。所以，要养成立即行动的好习惯，只有马上行动，才能站在时代潮流的前列；而习惯一直拖沓的人，必然要落在后面。

第二章 化性起伪

——荀子这样说人性

荀子曰:"人之性恶,其善者,伪也。"荀子的"性恶论"与孟子的"性善论"截然相反。荀子认为:人不仅生而具有饮食男女、声色犬马之情,同时还生而具有贪得好利、妒忌暴虐之性。若是依顺人的情欲、放纵人的本性,则必然产生争夺、淫乱,辞让忠信、礼义廉耻将丧失殆尽,社会也将陷入混乱、崩溃。因此,荀子得出结论:人性是恶的,善是后天修炼得到的。

第二章 化性起伪
——荀子这样说人性

人性本恶，人为可善

【原典】
荀子曰："人之性恶，其善者，伪也。"

【古句新解】
荀子说："人的本性是恶的，那些善的表现，是人的后天作为。"

自我品评

孟子从性善论出发，提出了"人皆可以为尧舜"；荀子由人性恶立论，导出了"涂之人可以为禹"。孟、荀从相左的命题出发，走向了同一个终点上。当然，孟子说"人皆可以为尧舜"，是因为他认为人是善良的；荀子说"涂之人可以为禹"，则是因为他认为人是智慧的。荀子认为圣人是可学而致的，"圣人者，人之所积而致矣"，只要"伏术为学，专心一志，思索孰察，加日县久，积善而不息"，潜心学习，修德积善，就能够达到"通于神明，参于天地"的圣人境界。这就从人性论的根底上为道德修养的必要性和必然性做了充分铺垫。可见，无论性善、性恶论，导出的都是丰富的道德修养理论，导出的都是主体对道德的自我追求和自我完善。

一个言性善，一个道性恶，出发点迥然相反，但结论却完全一致，都是强调后天学习和教育的重要性。孟、荀的人性学说可以说是对司马迁所谓"天下一致而百虑，殊途而同归"的最好诠释。

"伪"，如果我们按照荀子的本意将它正确地理解为"人为"，则其意义极其重大。实际上，不仅善和道德礼义是"伪"的结果，整个人类社会文明、整个人的文化也都是"伪"的结果。如果不"伪"，就没有社会历史的进步，也就没有今天我们所能享受的这一切精神和物质文明的成果。

在原始蒙昧时期，人类尚未懂得"伪"，一切都是原始素朴的真，吃的都是自然野生的东西，茹毛饮血。后来渐渐懂得了"伪"，对野生的植物进行人为的选择和培育，使之成为更能适合人类需要的"庄稼"；对吃的东西进行人为的加工，发展出烹调艺术。这就是"伪"，就是文明的成就。你可以说"庄稼"已经不是自然界原始本真的植物，而是人类加工过的"伪"植物，但如果不"伪"，世界上哪有那么多天然的"真"植物满足人类的需要？当今的生物学家更是了不起的"伪"大师，他们的"伪"已经深入到植物、动物的基因里去了，"伪"造出了许多世界上本来不存在的动植物新品种。

再看看我们今天所处的这个世界里，从物质生活到精神生活，从思想理论到法律制度，从衣食住行到文化娱乐，哪一项不是人类"伪"的结果？大概只有空气和水不是人类"伪"的成果。但即便在今天的空气和水里，也留下了一些人类"伪"的痕迹——污染。由此当然也就可以看到，"伪"在推进文明进步、创造人类文化的过程中，也使人类付出了许多代价，不过污染只是其中的一个方面而已。正因为如此，自古以来也有不少哲人对人类之"伪"进行反思和批判。普通人在体验了人造丝、人造棉等化学合成的"伪"织物服装之后，不免总要怀念"真丝"、"真棉"的价值，尽管他们所说的"真丝"、"真棉"也已经是祖先们"伪"过一次的成果，并非自然界本来的原始的"真"。而一些思想敏锐的哲学家、思想家，也厌烦了人类之"伪"建构起来的思想文明，回过头来追寻返璞归真的境界。

佛学史上，由竺道生提出"一阐提人皆得成佛"的佛性论，到禅宗的"顿悟成佛"，最终以"人皆可成佛"与儒家的"人皆可成圣"相峙相应、相辅相成，强化了性善论的主导地位。宋朝时期撰就的蒙学

第二章 化性起伪
——荀子这样说人性

读物《三字经》正式把"人之初，性本善"写入启蒙教材，于是就有了王阳明"个个人心有仲尼"、"满街都是圣人"的惊人之语。

荀子首先从人的避害趋利之性和耳目声色之情出发，认为人性是恶的。荀子认为，人生而有贪得无厌、妒忌暴虐之性，生而有饮食男女、声色犬马之欲，如果放纵人的性情而不加节制，则必然产生争夺、淫乱！辞让忠信礼义廉耻将丧失殆尽，社会秩序也将陷入混乱、崩溃。

其次，从仁、义、礼、智等礼仪教化的起源上，荀子认为人性是恶的。在荀子看来，木需要矫正才能直，钝金需要磨砺才能锋利，圣王制定了礼义法度，就是为了整饬、矫正、约束、引导人的恶性。

再次，从"其善者，伪也"这个角度出发，荀子认为，人的本性是恶的。荀子认为："可学而能，可事而成，之在人者，谓之伪。"也就是说，能够模仿学习的东西就称为伪，"善"是后天的，是人们仿效圣王、化性起伪的结果。

由此，荀子进一步得出这样一个结论："故圣人之所以同于众，其不异于众者，性也；所以异而过众者，伪也。"也就是说，在人性上，圣人与凡人并无二致；圣人之善是通过不断地学习积累而来的，这就是圣人的超凡脱俗之处。因而，同孟子一样，荀子也十分强调后天学习教育的重要性。

荀子是不赞成庄子对一切人为的文明成果的批判的。荀子《解蔽》篇批评庄子，说"庄子蔽于天而不知人"。所谓"天"就是庄子所崇尚的纯天然的"真"，而所谓"人"就是人为，就是"伪"。所以荀子这个批评其实也就等于说"庄子蔽于真而不知伪"。"真"固然有其价值，但"伪"也是不可缺少的，不能只知"真"不知"伪"。认识到"伪"的价值，才能发挥人的主观能动性，有所作为，有所创造，推动文明进步。

不过，我们这里要谈论的是荀子所说的"化性起伪"，也就是人对自己的"性"来"伪"，而不是对其他任何外在的东西。那么，人有没有可能自觉地以某种人为的方式来改造自己的自然本性?甚至不惜跟自己的自然本性发生某种程度的对抗呢?

　　应该说这是可能的,而且事实上很普遍。人有的时候很愿意为了自己所认可的价值(例如道德的、审美的价值等等)控制自己的本性和欲望,甚至不惜牺牲自己的肉体。例如所谓"舍生取义",为了那个"义"连生命都可以不要,更何况只是克制一点欲望、改变一点生活方式和行为方式?

　　荀子认为在社会伦理道德方面也是如此,个人只要通过学习,认可了儒家仁义道德的价值,就会自觉控制自己的某些欲望;如果能坚持不懈地努力实践礼义,就可以使自然本性发生某种变化,使自己成为君子乃至于圣人。这也就是所谓的"化性起伪"。

　　美国哲人爱默生曾经说过:"人生最美丽的补偿之一,就是人们真诚地帮助别人之后,同时也帮助自己。"荀子认为人性本恶,需要后天的努力才会善良。善是阳光,善是雨露,善是冬天里的一把火,善是黑夜里的一盏明灯……其实,不管天生就善也好,"伪"也罢,只要我们保持一颗善心,鲜花就会开满你的人生小径!蜂围蝶绕,香飘四野……

弃恶扬善，改造本性

【原典】
荀子曰："性也者，吾所不能为也，然而可化也。"

【古句新解】
荀子说："本性，不是我所制造的，但却是可以改造的。"

自我品评

人的本性是善是恶，几千年来争论不休，至今未有定论。

告子曰："人性之不分善与不善也，犹如水之无分于东西也。"告子的话不无道理，人只要敢于面对自己，就会发现人在某种意义上既是天使又是魔鬼。

孟子主张"人性本善"，即人与生俱来的本质是好的，只是后来受外物的蒙蔽而产生了邪恶之心。其实，孟子是从人的肯定性一面来鼓励人、安慰人。

荀子主张"人性本恶"。荀子曰："人之性恶，其善者，伪也。"人的本性是恶的，那些善的表现，是人的后天作为。

在《荀子·性恶》中，荀子有更详细的论述。

荀子说："古今天下所说的善，是指符合礼仪法度，遵守社会秩序；所说的恶，是指违背礼仪法度，不遵守社会秩序，这也就是善与恶的区别。人的本性怎么能生来就是符合礼仪法度、遵守社会秩序的呢？如果是这样的话，那又为什么还要礼仪法度，还要有圣王来制定礼仪法度呢？人之所以想为善，正是因为人性本恶，就像缺乏资财的人向往丰厚，丑陋的人向往美丽一样。现在人们努力学习礼仪法度，正是因为缺少它。人的本性不是美的，是生来好利的。假如兄弟之间分割财产，如果依着人贪财好利的本性的话，那么兄弟之间也会相互争夺；如果用礼仪道德来教化他们，就算是两个陌生人也会相互推让财利。由此看来，贪财好利并且希望得到财利，这才是人的本性啊！"

荀子所说的"恶"，是指人与生俱来的种种生理和心理的过度和无限制的欲望，人的欲望是无限的，其中包含了许多不美好的成分，因此称"人性本恶"也无可厚非。其实，荀子是从人的否定性的一面来警醒人、鞭策人。

实际上，孟子的"人性本善"与荀子的"人性本恶"具有相同之处，即弃恶扬善。

没有恶，就无所谓善；没有善，亦无所谓恶。恶与善相比较而存在，相斗争而发展。正因为有恶的存在，人们才愈加感受到善的可爱，从而激发人们积极向上、勇往直前地去追求真、善、美；同样，正因为有善的存在，人们才愈加感受到恶的可憎，从而激发人们毫不留情地去同假、恶、丑作斗争。

然而，直到今天，恶还未从人们身上退去，还在发生作用。因此，我们要随时准备同心理的、生理的、行为的、物质的、精神的恶作斗争，做一个勇于正视恶而战胜恶的强者，而决不屈服于恶、甘当恶的俘虏。

残酷的战争结束了，在这场混乱的战役中，不少人都已经牺牲了，而那些没有牺牲的人，也几乎都成为了残废，他们心里明白战后的生活异常艰苦，都不希望自己成为家里的累赘，于是，都不敢向家里报告这不幸的消息，程子便是这些人中的一员。程子在战争中，失去了一只胳膊和一条腿，他知道这意味着什么，这意味着自己比那些少一只胳膊或一条腿的人，更加地毫无用处。

程子迟迟不敢给家里打电话，眼看着其他的伙伴们，都一个个回

第二章 化性起伪
——荀子这样说人性

家了。有一天，程子终于鼓起勇气，从部队驻地给自己的父母打去电话。他平静地说："亲爱的爸爸妈妈，我回来了。"电话那头的父母欣喜异常，程子继续说道："我想带一个战友一起回家，他在战斗中为了救我，受了重伤，失去了一只胳臂和一条腿。现在，他走投无路，我想请他与我们一起生活。"

顿时，电话那边父母的喜悦没有了，取而代之的是些许的冷漠："程子，我们真的很遗憾，不过，也许我们可以为他另外再找一个安身之处，你要知道，像他这样残废的人，会给我们的生活造成极大的负担。很显然，他不可能自己养活自己，而我们的家境也不富裕，并且，我们还要维持自己的生活，因此，我们不能接纳这样一个废人，成为我们家的累赘……"

当电话那边父母的话还没说完时，程子已经挂断了电话。

几天后，程子的父母接到了来自部队的电话，告诉他们，他们的儿子已经坠楼身亡了。接到电话的父母在伤心欲绝之余，还感到非常的诧异，既然儿子没有在战场牺牲，那么，为什么会无缘无故地坠楼身亡呢？于是，程子的父母急急忙忙地赶往了部队驻地，想弄清楚这究竟是怎么一回事。

在警方的带领下，这对父母来到了停尸间，辨认儿子的遗体，然而，眼前的一幕，却让这对老夫妻惊呆了，因为那的确是他们的儿子，不过儿子只有一只胳臂和一条腿！

也许，面对如此的结局，我们或多或少会有些悲凉，但如果回到现实生活中，不妨问一问自己，是否也会像故事中这对父母那样，作出同样的选择？西方人喜欢称上帝的使者为"天使"，然而，具备成为天使的第一条，便是必须拥有一颗善良的心，因为天使下凡的首要任务，就是让世界充满善意。如果我们能留一份善意在人间，那么，我们就是西方人传说中的天使！

由此看来，人性有本恶的一面。因此，我们在处世的过程中，必须注意，在表达自己的那份善良的同时，也要能够成全别人的一份善良。

　　正如故事中的这对父母，如果能成全儿子的善良，也许，结局会皆大欢喜。"善有善报，恶有恶报"这是佛家的信念，我们却能从中体味人生的各种滋味，包括自己得到的和失去的。不可否认，好人与恶人都难免会遭受人世间的苦难，正如奥古斯丁所说："同样的痛苦，对善者是证实、洗礼、净化，而对恶者是诅咒、浩劫、毁灭。"

　　人性中有许多不美好的成分，如邪恶、残暴、冷酷、奸诈、贪婪、嫉妒、狂傲……所以说，"人之性恶"也无可厚非。其实，人所需要做的不在于分清人的本性是善是恶，而在于如何弃恶扬善。

　　多行善事，或许别人不会报答你的善举，但至少不会给你带来祸患。行善的人在心理上容易心安理得，帮助别人，自己也常处在快乐之中，这本身就是对你的善报。反之，多行恶事没有不遭到报应的，这就是"多行不义必自毙"。

第二章 化性起伪
——荀子这样说人性

情欲难逃，可以束缚

【原典】

荀子曰："凡人有所一同：饥而欲食，寒而欲暖，劳而欲息，好利而恶害，是人之所生而有也，是无待而然者也，是禹桀之所同也……人之生固小人，又以遇乱世，得乱俗，是以小重小也，以乱得乱也。"

【古句新解】

荀子说："凡是人就有完全相同的方面：饿了就想吃，冷了就想暖和，劳累了就想休息，都想得利而不喜欢受伤害，这些是人生来就有的本性，不管你要不要都是这样，大禹和夏桀都同样如此……人生下来就是小人，如果又遇到乱世，生活在混乱的习俗里，那就是德行越来越低，乱上添乱了。

自我品评

中国有句古话叫"欲壑难填"，人的欲望是没有止境的。我们所处的是一个充满诱惑的年代，诱惑往往是美丽的，却也是危险的。雪莲长在冰山上，你要获取就得冒着坠崖的危险；虎豹的皮毛是美丽的，许多猎人为取得它而葬送了性命。现实生活中，房子、票子、车子，如此种种，诱惑多多。面对这些诱惑，谁又会不动心呢？

人皆有七情六欲，情欲是人性中不可缺少的重要部分。不过在先秦文献中，这"性"、"情"、"欲"三个字还是各有所指的。荀子在

《正名》篇论及了三者之间的关系。简单地说，"性"是人天生的但却是潜在的存在，"性"呈现为好、恶的倾向便是"情"，"情"接触外界事物引发了冲动的反应就是"欲"。荀子认为人的情欲是难免的，目好美色，口好美味，"饥而欲食，寒而欲暖，劳而欲息，好利恶害"，所有这些欲望，人都是一样的。

荀子认为"人性恶"，反对"寡欲"的主张，更不主张"去欲"、"灭欲"，而是给人的欲望的存在保留了很大的空间。荀子以一种唯物主义的态度来看待人性，同时也就以一种现实主义的态度来对待人的欲望。他认为既然人性是天生的，人的欲望也就是难免的，是一种客观存在，人拿它没办法，无法回避。长一双眼睛，就忍不住要窥视美色；长了一张嘴巴，就贪吃美味，而且美色美味似乎多多益善，这是难免的。不要说普通人，就是大人物也是如此。从人性和情欲上来说，圣人、君子、小人都是一样的。像宋钘所说的那样，叫人们在主观上相信自己没有欲望，或是欲少不欲多，荀子认为是不可能的，也是说不通的。所以，在荀子看来，一种普遍的禁欲或灭欲的说教，对社会是毫无用处的。

就个人来说，有没有可能自觉地根据外在礼义制度的要求，来节制自己的欲望呢？荀子认为只要努力就完全可以做到。因为他认为，"性"虽然是天生的、没有办法回避的事情，欲望也是难免的，但是满足欲望的行动却是受"心"控制的。有时候人虽然有强烈的欲望，也面对着可欲的目标，但却没有行动，那是为什么呢？荀子认为那是他的"心"制止了他的行动。"心"为什么会制止自己的行动呢？因为这个"心"里有了个"可"与"不可"的标准，这个标准就是"理"，也就是"礼义"。

打个比方来说：一个人有吃的欲望，而且面前有很多美味佳肴，但是他却不吃。为什么不吃呢？因为他要减肥，他心里有个体形美和健康饮食的标准，对照这个标准他知道自己不可以再吃了，所以他的"心"就节制了他贪吃的欲望，制止了他贪吃的行动。荀子认为用外在

第二章 化性起伪
——荀子这样说人性

道德标准和礼义约束人的行为，道理也是如此。个体的人本性中并没有道德之"善"的源头，他们不知道什么是理想的道德人格，也不知道什么是圣人之道，就好像一般人本来也不知道什么是健美的体形、什么是健康的饮食，只是在看到那些健美模特的榜样，听了那些健康专家的忠告之后，才知道的，于是决心锻炼身体，节制饮食。君子，也就是道德完善的模特；圣人之道，就是关于人格完善和社会理想的专家的忠告。荀子认为只要让人们通过学习君子道德和圣人之道，在心中确立符合礼义的"可"与"不可"的标准，他们就有可能自觉用礼义来节制自己的欲望。

色欲是最客观的存在，谁都不能否定，如果你洁身自好，内心清净，那么即使它自动找上门，也不会有什么影响。金钱的魅力是实在的，那么你就去赚钱吧，堂堂正正地赚钱，去资助贫困的人。事实上，我们在接受诱惑的时候也是奋斗的时候，懒人和庸人不知道什么是诱惑，更不知道获得需要付出。

月船禅师是一位善于绘画的高手，可是他每次作画前，必坚持购买者先行付款，否则决不动笔，对于这种作风，社会人士经常有微词。

有一天，一位女士请月船禅师帮她作一幅画，月船禅师问："你能付多少酬劳？""你要多少就付多少！"那女子回答道，"但我要你到我家去当众挥毫。"月船禅师允诺跟着前去。

原来那女子家中正在宴客，月船禅师用心为她作画，画成之后，拿了酬劳正想离开。那女士就对宴桌上的客人说道："这位画家只知要钱，他的画虽画得很好，但心地肮脏；金钱污染了它的善美。出于这种污秽心灵的作品是不宜挂在客厅的，它只能装饰我的一条裙子。"说着便将自己穿的一条裙子脱下，要月船禅师在它后面作画。

月船禅师问道："你出多少钱？"女士答道："哦，随便你要多少。"

月船禅师开了一个特别昂贵的价格，然后依照那位女士的要求画了一幅画，画毕立即离开。

很多人疑惑，为什么只要有钱就行，受到任何侮辱都无所谓的月船禅师，心里是何想法？原来，在月船禅师居住的地方常发生灾荒，富人不肯出钱救助穷人，因此他建了一座仓库，贮存稻谷以供赈济之需。又因他的师父生前发愿建寺一座，但不幸其志未竟而身亡，月船禅师要完成其志愿。

当月船禅师完成其愿望后，立即抛弃画笔，退隐山林，从此不复再画。他只说了这样的话："画虎画皮难画骨，画人画面难画心。钱，是丑陋的。心，是清净的。"

有禅心的人，不计较人间毁誉，月船禅师以自己的艺术素养，求取净财救人济世，他的画不能以一般画来论，应该称为禅画了。因为他不是贪财，他是舍财，可是世间又有多少人能懂得这种禅心呢？月船禅师这是一种修养、一种境界。

情欲是谁也无法避免的，谁也逃脱不了的，荀子认为解决这个问题的出路不在于"寡欲"、"去欲"，而在于"导欲""节欲"。荀子认为治理国家的人如果指望着人们主观上"寡欲"、"去欲"才能把国家治理好，那只能说明他没有本事"导欲"、"节欲"。"导欲"、"节欲"不是主观上自欺欺人地不承认有这个欲，相反，却是正视这个欲，然后依据一定的原则和标准来适当满足并且疏导、节制这个欲。这个原则和标准就是礼义，也就是后天的努力。

积善成德，勿以善小而不为

【原典】

荀子曰："积善成德，而神明自得，圣心备焉。"

【古句新解】

荀子说："积善成为高尚的品德，就能聪明睿智，具备圣人的心志。"

自我品评

荀子认为人性本恶，然而后天可以改变的。的确，人是可以后天改造的。有人认为有些善事是微不足道的，所以不用去做。但是，积小善才能成大德，不要因为微不足道的善意举动就不去做。

聚沙成塔，聚溪为河。刘备白帝城托孤时谆谆地告诫刘禅："勿以恶小而为之，勿以善小而不为。"不要以为坏事小就去做，行恶如磨刀之石，未见其灭而有所损，积恶而成习；不要以为好事小就不去做，行善如春日之草，未见其长而有所增，积善而成德。

一个人要是缺失善良，无论多么有才华，他也不会成为一个优秀的人。善良能使人长人气，这样你所追求的目标才会更有希望得以实现，所从事的事业才会成功，活得才会有生气。

因此，当你面对他人的时候，站在你面前的不论是个不名一文的乞丐，还是个腰缠万贯的富豪；也不论他是个不懂世事的孩童，还是德高望重的老者，对他们都要持有一颗慈善的心，给人一个微笑，帮人一个小忙……在这些充满善意的行为中，往往就是你走向杰出的开始。

善良一直都是中国人弘扬的道德主题，在中国的一些文学作品中，我们不难找到对善良的弘扬，其中也有很多因善念改变了自己人生的故事。

金庸武侠小说《神雕侠侣》中的郭靖，他原是一位普通人家的孩子，他唯一的优点可能就是因为有一颗善良的心。他面对窝阔台的皮鞭与恐吓时，舍命救了哲别——他用善良换得自己成了这位神箭手的徒弟，这是很多人求之不得的事；随后，他又由豹口之中救出了成吉思汗的女儿华筝；当铁木真被重兵包围时，又是郭靖拼命相救方才化险为夷——他用善良换得自己成为金刀驸马，在草原上一下子由卑贱变得尊贵起来；他为救两只小雕，一箭射三雕——他用善良博得了射雕英雄的美名，这使他一夜成名。

这是很多人都熟知的故事，但似乎很少有人在受到启发的同时，把善良教育落实到实际中去。用善良开启一个人的成功之门，很多人认为那仅仅是一个神话，在生活中是遥不可及的事。其实，这种事离我们生活并不远，只要是一个善良的人，能在平平常常的生活中不怕麻烦，不怕吃亏，善良说不定哪天就会成就你的人生。

生活的辩证法时时处处启迪着我们：一个人的价值，不能由自己给予评判。个人不能离开他赖以生存的群体，不能离开由这些群体所构成的社会；个人的生命价值是由他人、社会给予评判的。只有在一定的社会条件下，个人的人生价值才能得以体现。因此，一个人在自己的人生征途中时刻不能脱离集体、社会；个人必须为大众、为社会承担责任，作出贡献。一个人只有超越自己生命的狭小圈子，热心地投入社会之中，积极地为社会奉献，才有可能实现自己的人生价值。

从前有个国王，非常宠爱他的儿子。这位年轻的王子虽然过着衣来伸手、饭来张口的日子，要什么有什么，可是他从来没有开心地笑过一回，常常愁眉紧锁、郁郁寡欢。

第二章 化性起伪
——荀子这样说人性

有一天，一位魔术师走进王宫对国王说，他能让王子快乐起来。国王兴奋地说："如果你能办成这件事，宫里的金银财宝你随便拿。"

魔术师带着王子进了一间密室，他用一种不知名的白色液体在一张纸上涂了些笔画，然后交给王子，并嘱咐他点亮蜡烛，看纸上会出现什么。说完，魔术师走开了。

在烛光的映照下，年轻的王子看见那些白色的字迹化为美丽的绿色，变成这样几个字："每天为别人做一件善事。"王子照此去做，不久，他果然成为一个快乐的少年。

这个小故事告诉我们：有的人之所以生活得有意义、很快乐，有满足感，是因为他能行善，为他人奉献，而不是处心积虑地去占有。奉献给人一个实现自我的空间，因为它让人们知道要努力工作，为社会服务，它让人们清楚自己肩负一个帮助和安慰他人的使命。在那完成任务的努力之中，人们发现了更大的实现自我的空间。

曾获诺贝尔和平奖的德兰修女(MotherTeresa，一译特雷莎修女)，受到全世界人民的敬仰。

德兰个子瘦小，相貌普通，她不知多少次在污秽、肮脏的街道拥抱那些身患皮肤病、传染病，甚至周身流脓的垂死病人，她把他们带回自己的住处，照顾他们，安葬他们，让人们享受她的奉献。

许多人一谈到德兰修女，都说她是个伟大的人，和她相比，自己实在太渺小了。可德兰修女却说："我们都不是伟大的人，但我们可以用伟大的爱来做生活中每一件平凡的事。"

德兰修女一生没有做什么惊天动地的大事，她所做的是每一个普普通通的人都有能力做到的事：照顾垂死的病人，为他们洗脚、抹身；当那些人被别人践踏如尘的时候，她还给他们做人的尊严，仅此而已。

或许，我们做人的境界还没有达到德兰修女那样的高度，但是我们如果常存乐善好施、成人之美的好心，那么这个世界一定会减少许多忧伤和怨叹。

在一天中要发生些什么，又将失去什么，虽然这都是我们无法预料的，但是我们可以把握的是自己的一颗心：用善良待人，以德服人。人是有感情的动物，在追求事业的同时，心灵也需要一个温暖的归宿。这个归宿就是人的慈善之心、怜爱之心，你的人气就是建立在这个基础上的。在生活中喜欢看别人的成功；同情别人的痛苦；帮助解决别人的急难；救济别人的穷困；口不诱劝挑起祸端；行不伤及他人；看到别人有喜悦就像自己的一样；见到别人有过失就用心地规劝；不自以为尊贵；不炫耀自己；不嫉妒胜过自己的人；不奴颜媚骨地拍马；也不暗中算计你的对手，这样才算得上是一个善良的人。

在现代社会里，善意在冬季里依然会让人感到很温暖。面对诸人诸事都面带微笑，心装善意，有了这个调整之后，你与社会交换的信息就改变了，你和周边的人际关系就发生了变化，天天奉行"我本善良"，这就是你聚拢人气的基础。爱是人的一种情感，爱心是人的良好的品德。几乎每个人都希望得到爱，但是没有付出怎么能得到？其实付出爱心是每一个人都应该做的事，有时候只要一个微笑、一句话就够了，只要举手之劳就可以帮助别人走出困境，同时让自己的人生也精彩起来。拥有爱心的人会一生生活在爱的包围中，因为爱心是人最美好的一种品德。

我们无法延长生命的长度，但我们可以增加生命的宽度。因为我们心中有善，送人玫瑰，手留余香。那么，从现在起，请勿以善小而不为！

人情不美，不可不防

【原典】

荀子曰："尧问于舜曰：'人情何如？'舜对曰：'人情甚不美，又何问焉？'"

【古句新解】

荀子说："尧向舜问道：'人情怎么样？'舜回答说：'人情很不好，又何必问呢？'"

自我品评

在《荀子·性恶》中，荀子对"人情"作了详细的论述。

荀子说："尧向舜问道：'人情怎么样？'舜回答说：'人情很不好，又何必问呢？人们有了妻子儿女，对父母的孝顺就减弱了。人们的嗜好欲望达到了，对朋友的信用就减弱了。人们有了高官厚禄，对君主的忠诚就减弱了。人情啊！人情啊！这很不好，又何必问呢？'只有贤良的人才不这样做。"

荀子之所以认为"人情不美"，正如他认为"人性本恶"一样，是从人的否定性的一面来警醒人。

我们应感谢荀子对我们的率真，但同时我们也应感到惭愧，人与人之间的确存在着众多不美的东西。

战国时，魏王向楚怀王赠送了一名美女。这名美女生得眉清目秀，可与西施媲美。楚怀王自然对她十分倾心，并取名为珍珠，捧在手上怕掉了，含在口中怕化了。二人整天形影不离。

楚怀王原本有名爱妾，名叫郑袖。珍珠未来之前怀王整日与她在一起，如今来了个珍珠，怀王对她渐渐疏远了。郑袖对怀王的移情别恋十分恼火，同时对珍珠嫉妒得几乎发狂。然而郑袖没有大吵大闹，她知道那样对自己不利，弄不好会送了小命。表面上郑袖对珍珠百般疼爱，视之为自己的亲妹妹，稍有空闲就坐在一起聊天，以此向怀王表示，她对珍珠丝毫不嫉妒。

有一天，郑袖偷偷地对珍珠说："大王对你很满意，也十分宠爱你，不过对你的鼻子他好像有点看不惯，大王曾在我面前说了几次，所以以后你在大王面前，一定要将自己的鼻子捂住。"珍珠压根不知道，郑袖设的圈套自己已慢慢地钻了进去。从此她在怀王面前，总是一只手捂住鼻子，并做出难受状。怀王莫名其妙，便来询问郑袖。开始郑袖故意装出一副迟疑的样子，欲言又止。"别害怕，有什么就说出来嘛！"怀王说道。"珍珠……珍珠在我面前说大王有体臭，并说特难闻。所以她就捂住自己的鼻子。"

楚怀王脾气十分暴躁，听完郑袖的话，一气之下，将珍珠处以割鼻的劓刑。郑袖又回到了怀王的怀抱。珍珠空负美女之名，却不懂得保护自己，最终的下场实在可悲。

像郑袖这样的人，便是"人情不美"的始作俑者。郑袖害了人，还让受害者对她心存感激。这种人最大的特点是口蜜腹剑，两面三刀，演技高超。因此，要识破这种人很不容易。

令人尴尬的是，这只是"人情不美"的冰山一角。既然人情有不美之处，我们与人交往在坚守美德的同时，也要留个"心眼"，善于知人和察人。这是圣人荀子对我们的教诲。

但是，历史上善于知人察人的也不在少数，曾国藩就是其中一位。

曾国藩带领湘军围剿太平天国之时，清廷对其抱持一种极为复杂的态度：不用这个人吧，太平天国声势浩大，无人能敌；用吧，一则是汉人手握重兵，二则曾国藩的湘军是他一手建立的子弟兵，怕对清

第二章 化性起伪
——荀子这样说人性

廷构成威胁。在这种思想指导下，清廷对曾国藩的任用经常是用你办事，不给你高位实权。苦恼的曾国藩急需朝中重臣为自己撑腰说话，以消除清廷的疑虑。

忽一日，曾国藩在军中得到胡林翼转来的肃顺的密函，得知这位精明干练的顾命大臣在西太后面前推荐自己出任两江总督。曾国藩大喜过望，咸丰帝刚去世，太子年幼，顾命大臣虽说有数人之多，但实际上是肃顺独揽权柄，有他为自己说话，再好不过了。

曾国藩提笔想给肃顺写封信表示感谢。但写了几句，他就停下了。他知道肃顺为人刚愎自用，很有些目空一切的味道，用今天的话来说，就是有才气也有脾气。他又想起西太后，这个女人现在虽没有什么动静，但绝非常人，以他多年的阅人经验来看，西太后心志极高，且权欲极强，又极富心机。肃顺这种专权的做法能维持多久呢？西太后会和肃顺合得来吗？

思前想后，曾国藩没有写这封信。

后来，肃顺被西太后抄家问斩。在众多官员讨好肃顺的信件中，独无曾国藩的只言片语。

与人交往应该是一项十分严肃的事情，一定要认真对待，绝不可轻率。在与对方交往的过程中，要注意观察其思想、兴趣、爱好、品格和行为，看他是否值得结交。如此看来，曾国藩是深谙交友之道的人。

人情有不美之处。因此，为人处世不可全抛一片心，否则遇人不贤，极易被人利用。一旦被人利用，后悔也晚矣！

切勿凭己好恶行事

【原典】

荀子曰:"《书》曰:'无有作好,遵王之道;无有作恶,遵王之路。'"

【古句新解】

荀子说:"《尚书·洪范》中说:'不凭自己的爱好行事,要按君王制定的礼法去做;不凭自己的憎恶行事,要按君王制定的礼法去做。'"

自我品评

荀子曰:"君子之能以公义胜私欲也。"君子能用公义战胜私欲。

君子不管处在什么境地,都能随遇而安,宠辱不惊。受到再大的礼遇,也不会受宠若惊;遭到再大的屈辱,也能处之泰然。不管有钱没钱,都能过,而且过得一样自得其乐。"君子贫穷而志广,富贵而体恭。"富贵的时候不会盛气凌人,不可一世,反而会对他人更加恭敬;贫穷的时候也不会人穷志短,低三下四,失去自信和理想。君子处在上级的位子上,能宽宏厚道而公正地对待下属;处在下级的位子上,则能恪尽职守,恭敬而谨慎地听命于上司。

在与人相处方面,君子是严于律己,宽以待人;既尊重贤人、能人,也能容纳普通群众,同情照顾才能比较低的人。与人交往没有架子,不盛气凌人,亲切随和;但如果你要跟他嬉皮笑脸玩下流,他就不跟你同流合污了。君子也不会跟少数人拉关系，笼络亲信，结成死党。君子对所有人都有敬畏之意，但却绝不是胆小怕事；你要是误以为可以用恐吓讹诈的办法来胁迫他，那你就找错人了。君子对别人的优点和长处，乐于赞扬，表示欣赏，但却从来不拍马屁；对别人的缺点和错误，直言相告，善意批评，但却不是刻意诋毁挑刺儿。

君子是有道德原则的人，是恪守"道""义"的人。这个"道""义"不只是写在纸上的东西，或是挂在嘴上的东西，而是深入他的内心，并且在具体场合和情境下随时遵守和运用的。比如君子负责办理一件事情，涉及到一些人，假如这时他的上级领导打电话叫他通融通融，他的亲戚朋友写条子请他照顾照顾。那么，他是坚持按原则办呢，还是管它什么原则，领导怎么说就怎么办？或是照顾亲戚朋友的人情？如果他能始终坚持原则，就是"义"，也是如荀子说的"君子之求利也略"，"欲利而不为所非"，"君子能无以利害义"。君子当然也要吃饭，也要生存，但他不会为此而不择手段，放弃道德理想和原则；如有必要，为了道德理想和原则他甚至可以"舍生取义"、"杀身成仁"，更不用说舍弃其他个人物质利益了。而小人则是"言无常信，行无常贞，唯利所在，无所不倾"。只要有利可图，小人什么都肯干，哪管什么原则不原则？

那么，君子是如何做的呢？

荀子借用《尚书·洪范》中的一句话说："不凭自己的爱好行事，要按君王制定的礼法去做；不凭自己的憎恶行事，要按君王制定的礼法去做。"

1. 不凭自己的爱好行事

古人云："好酒好财好琴好笛好马好鹅好缎好屦，凡此众好，各有一失。"即嗜好酒、财、琴、笛、马、鹅、绸缎、鞋子等，爱好这些的人，都有所失。

人皆有爱好，爱好有低俗和高雅之分。低俗的爱好，如好酒、好财、好色等；高雅的爱好，如好琴、好笛、好棋等。低俗的爱好会给自己带来灾祸，这很容易理解。而高雅的爱好为什么会给自己带来损失呢？原因在于玩物丧志。

例如，鹤本是一种珍禽，它形态高洁，鸣声清越，一直是福寿的象征，也为历代名人雅士所喜爱。春秋时，卫国国君卫懿公爱鹤，本不失为一种高雅的行为，但作为一国之君，他爱鹤甚于爱民，是非不分，人物两忘，乃至于政务废弛，民众离心，最后竟导致亡国丧身。可见，再高雅的爱好，若爱之过甚，也会招来灾祸。

爱好本身并不是坏事，坏就坏在爱好过了头，失去了分寸，甚至沉溺其中，走火入魔。不凭自己的爱好行事，即要理智地对待自己的爱好，做自己爱好的主人，而不被自己的爱好所奴役。

2. 不凭自己的憎恶行事

憎恶，常常是指憎恶某人。

我们憎恶一个人，或因其品行不端，有违我们认可的道德规范；或是触犯了我们自身的利益，冒犯了我们。

古人云："道不同不相为谋。"这是对的。但是，道不同则冷眼相对或老死不相往来，就有失厚道了。

吴国大将吕蒙年少时未读过书，每陈大事，只有以口代笔。江夏太守蔡遗因此很看不起他，并经常在孙权面前说吕蒙的坏话。等到孙权要吕蒙推荐优秀官员时，吕蒙却推荐了蔡遗。

吕蒙便是不凭自己的憎恶行事的典范，孙权说吕蒙不是一个勇夫，而是一个国士。

以公正之心憎恶他人的人，定是仁者；出于私心而憎恶他人的人，就是小人。

再者，即使你出于公正之心憎恶他人，也得注意分寸，如果憎恶过度，使他无地自容，迫不得已，他就会酿成大祸。如此说来，与其憎恶他人，倒不如原谅他、尊敬他。你今天对他表示善意，也就有可能免去他对许多人的伤害，更可能因此而影响他和改变他。

社会的进步，物质的丰富，离不开人们对物质享受的追求。所以，在今天，我们追求个人利益是合乎道德的。当然，这里的前提是不损害他人对利益追求的权利，即不损人利己，唯利是图。但是，从个人修养来说，淡漠的物质欲望仍是值得推崇的。一个脱离了庸俗趣味的人，一个有崇高理想和高雅志趣的人，对于物质享受都看得很淡。所谓欲望越大的人，越是得不到满足，越是感到不幸福。孔子对追求利益的鄙视固然有不可取之处，但他执著地追求仁，强调个人修养则无疑是正确的。

人性本恶。我们应懂得控制自己的七情六欲，不凭自己的好恶行事。否则，凭自己的爱好行事，容易玩物丧志，甚至沦丧道德；凭自己的憎恶行事，容易被人怨恨，甚至招致灾祸。

君子小人细节中

【原典】

荀子曰:"以近知远,以一知万,以微知明。"

【古句新解】

荀子说:"由近处能知道远处,由少数能知道众多,由隐微能知道显著。"

自我品评

荀子在《非相》中,针对当时社会上流行的"相人之术",做了大胆的批驳。在荀子看来,以貌取人,不可取。历史上,许多有才德的人都是相貌平平,甚至其貌不扬。然而有许多小人长得很好,品行却不高尚。因此说,不要以貌取人。不是因为你的眼睛会欺骗你,而是因为人情不美,人性本恶,不要被表面的现象蒙蔽了你的双眼。但是,君子小人之分,也不是没有规律可循的,一个人再会伪装,也不可能天衣无缝,无一纰漏,一些小细节是可以看出来的。

荀子指出:观察人的形体相貌不如考察人的内心思想,考察人的内心思想不如看其所采取的处世方法。形体相貌不如内心思想重要,内心思想不如处世方法重要。

那么,为什么这么说呢?

荀子回答说:"术正而心顺之,则形相虽恶而心术善,无害为君子也;形相虽善而心术恶,无害为小人也。"处世方法正确而内心思想又能与其一致，那么形体相貌虽然丑陋但内心思想与处世方法好，不会妨碍他成为君子；形体相貌虽然美好但内心思想与处世方法恶，也不能掩饰他是个小人。

喜欢以貌取人的人，看问题喜欢只看表面。他们缺乏对事物深入认识的耐心和意识，他们过分相信自己的眼睛，而眼睛通常只能看到表面的东西。

古代，夏桀、商纣王魁梧英俊，是天下有名的美男子；他们身体强健，足以力敌百人。但是，他们人死了，国家灭亡了，成了天下最耻辱的人，后世谈到坏人，就必定拿他们作例证。这并不是因容貌造成的祸患，而是他们的见闻不多，思想品德卑下造成的。

自然界的昆虫有益虫和害虫之分，人类同样也是良莠不齐，有"君子"、"小人"之分。君子小人细节有别。

常常低头的人：这类人属于慎重派。讨厌过分激烈、轻浮的事，属于孜孜勤劳型，交朋友也很慎重。

两手腕交叉的人：这类人抱持着独特的看法，给人冷漠的感觉，属于吃亏型的人，稍微有些自我主义。

把手放在嘴上的人：这类人属于敏感型，是秘密主义者，常常嘴上逞强但内心却很温柔。

到处张望的人：这类人是具有社交性格的乐天派，有顺应性，对什么事都有兴趣，对人好恶感强。

摇头晃脑的人：日常生活中常见有人用摇头或点头以示自己对某事某物的看法，这种人特别自信，以至于唯我独尊。他们在社交场合很会表现自己，对事业一往无前的精神常令人赞叹。

边说边笑的人：这类人与你交谈时你会觉得非常轻松愉快，他们大都性格开朗，对生活要求从不苛刻。很注意知足常乐，富有人情味。感情专一，对友情、亲情特别珍惜。

掰手指节：这类人习惯于把自己的手指掰得"咯嗒咯嗒"地响。他们通常精力旺盛，非常健谈，喜欢钻牛角尖。对事业、工作环境比较挑剐，如果是他喜欢干的事，他会不计任何代价而踏实努力地去干。

腿脚抖动：这类人总是喜欢用脚或脚尖使整个腿部抖动，这样的人可能很自私，很少考虑别人，凡事从利己出发，对别人很吝啬，对自己却很慷慨。他们往往很善于思考。

摆弄饰物：有这种习惯的人多数是女性，而且一般都比较内向，不轻易使感情外露。她们的另一个特点是做事认真踏实。

耸肩摊手：习惯于这种动作的人，通常是摊开双手，耸耸肩膀，表示自己无所谓的样子。他们大都为人热情，而且诚恳，富有想象力。会创造生活，也会享受生活，他们追求的最大幸福是生活在和睦、舒畅的环境中。

抹嘴捏鼻：习惯于抹嘴捏鼻的人，大都喜欢捉弄别人，却又不敢作敢当，爱哗众取宠。

摸膝盖：爱摸膝盖的人往往自负之心颇高，容易得意忘形而招来困局。

抚抓头发：刚坐下就不断地抓头发，有这种习惯的人可能性子很急，喜欢速战速决。

喜欢躲在角落：客厅有舒适的沙发，他偏偏要选个角落，离人独坐，有这种习惯的人，才能平庸，不足以挑大梁；四处为家，不喜欢跟别人来往太密；行为鬼祟，难以看出他在动什么歪脑筋。

沉稳大方：这类人坐下来的时候，挺胸，肩平，一副四平八稳、泰然自若的模样，待人亲切，一视同仁；稳扎稳打，事业易成。

当然，任何事情都不是绝对的，大千世界无奇不有。哪里都有好人也有坏人。对于坏人、小人我们最好是不要和他们有瓜葛。我们惹不起还躲不起吗？

古人云："宁可终岁不读书，不可一日近小人。"充分说明古人对"小人"是多么深恶痛绝。事实上，大到一个国家小到一个单位，只要有这类人存在，就会"鸡犬不宁"。

要想避免自己受到伤害，就必须用慧眼认清这类人的丑恶嘴脸，识破他们的阴险招数，早日防患于未然。

君子之交淡如水

【原典】

荀子曰:"君子居必择乡,游必就士。"

【古句新解】

荀子说:"君子居住必然选择社会风气好的地方,交游必然接近贤士。"

自我品评

荀子善用比喻,他在《劝学》中形象地写道:"蓬草生长在麻丛中,不用扶持就能长直;白沙混杂在黑色的泥土里,就会像黑土一样的黑。兰槐芳香的根叫白芷,如果用酸臭的脏水浸泡它,君子不愿意接近它,老百姓也不愿意佩戴它,这并不是因为它的本质不美好,而是因为被脏水浸泡的结果。"为什么这么说呢?物以类聚,人以群分,环境对人成长的影响是巨大的。所谓"近朱者赤,近墨者黑"说的也是这个道理。人性本来就有丑恶的一面,交友更是要慎重,因为有一个好的朋友你可以快乐一生。

荀子所说的"居必择乡"强调的是居住环境的影响,"游必就士"强调的是良师益友的作用,"择乡"、"就士"的目的是"防邪僻而近中正也",即受到良好的道德熏陶。

孔子也讲智者会择仁而处:"里仁为美。择不处仁,焉得知?"他强调人必须"慎其所处者"。据《孔子家语》记载:孔子曰:"吾死之后，则商也日益，赐也日损。"曾子曰："何谓也？"子曰："商也好与贤己者处，赐也好说不若己者。不知其子，视其父；不知其人，视其友；不知其君，视其所使；不识其地，视其草木。故曰与善人居，如入芝兰之室，久而不闻其香，即与之化矣；与不善人居，如入鲍鱼之肆，久而不闻其臭，亦与之化矣。丹之所藏者赤，漆之所藏者黑。是以君子必慎其所处者焉。"

这里的"所处"既包括所处的环境，也包括所交往的人，目的就是在良好环境的熏染和贤师益友的激励下，改过迁善而日臻完美。实际上，没有"孟母三迁"的故事，中国思想史上也许就不会有"亚圣"孟子的名字。

如何选择良师益友呢？荀子认为，标准之一就是看对方如何对待自己：中肯地指出我的不足的人，是我的老师；诚恳地肯定、赞扬我的人，是我的朋友；对我一味迎合、阿谀奉承的人，是我的敌人。

对于师友的选择，朱熹有着与荀子类似的见解。朱熹把朋友分为益友和损友两种："大凡敦厚忠信、能攻吾过者，益友也；其谄媚轻薄、傲慢亵狎、导人为恶者，损友也。"（《朱子文集》卷八）

明代学者苏浚在其《鸡鸣偶记》中把朋友分为四类："道义相砥、过失相规，畏友也；缓急可共、生死可托，密友也；其言如饴、游戏征逐，昵友也；利则相攘、患财相倾，贼友也。"志同道合、直言规劝的是畏友；患难与共、生死相依的是密友；以甜言蜜语相奉承、以吃喝玩乐相往来的是昵友，也就是人们常说的酒肉朋友；明争暗斗、相互倾轧的是贼友。

荀子所谓的"非我而当者"，也就是朱熹所说的益友，或苏浚所说的畏友，也称诤友，这是最难得的朋友。《五种遗规·世范》中说："人有过失，非其父兄，谁肯毁责？非其契爱，孰肯谏谕？泛然相识，不过背后窃议之耳！"人非圣贤，孰能无过？有过而不自知，则需朋友指点迷津方能认识并改正，所以古人说："士有诤友，则身不离于令名。"意即一个人有能直言相谏的朋友，才能保持好的名声。陈毅同志

第二章 化性起伪
——荀子这样说人性

的一首诗道出了诤友之可贵："难得是诤友，当面敢批评。有时难忍耐，猝然发雷霆。继思不大妥，道歉亲上门。于是又合作，相谅心气平。"

《礼记·学记》上说："独学而无友，则孤陋而寡闻。"荀子特别强调师友在个人进德修业中的作用，并把"隆师亲友"视为"隆礼"的重要内容。

儒家经典《中庸》上有："君子之道，淡而不厌。"荀子也赞成这一交友之道，主张"君子之交淡如水"。

君子的交友之道，如淡淡的流水，长流不息，源远流长。除此之外，还要"简而文"、"温而理"，即简略而文雅，温和且合情理。

相传唐贞观年间，薛仁贵尚未得志之前，与妻子住在一个破窑洞中，衣食无着落，全靠王茂生夫妇经常接济。后来，薛仁贵参军，在跟随唐太宗李世民御驾东征时，因薛仁贵平辽功劳特别大，被封为"平辽王"。一登龙门，身价百倍，前来王府送礼祝贺的文武大臣络绎不绝，可都被薛仁贵婉言谢绝了。他唯一收下的是普通老百姓王茂生送来的"美酒两坛"。一打开酒坛，负责启封的执事官吓得面如土色，因为坛中装的不是美酒而是清水！"启禀王爷，此人如此大胆戏弄王爷，请王爷重重地惩罚他！"岂料薛仁贵听了，不但没有生气，而且命令执事官取来大碗，当众饮下三大碗王茂生送来的清水。在场的文武百官不解其意，薛仁贵喝完三大碗清水之后说："我过去落难时，全靠王兄弟夫妇经常资助，没有他们就没有我今天的荣华富贵。如今我美酒不沾，厚礼不收，却偏偏要收下王兄弟送来的清水，因为我知道王兄弟贫寒，送清水也是王兄的一番美意，这就叫君子之交淡如水。"此后，薛仁贵与王茂生一家关系甚密，"君子之交淡如水"的佳话也就流传了下来。

"君子之交淡如水"，没有建立在物质利益和个人利害关系上的那种过于浓稠私密的交情。君子也不会为了一点小事跟小人争斗，用荀子的话来说，君子不会"以狐父之戈掘牛矢"，狐父这个地方出土的一件古代兵器，本是无价之宝，用它用来捣牛屎，那就太不值得了！

那么，怎么样才能交到真正的好朋友呢？

1. 结交益友，远离损友

荀子继承了孔子的思想，认为交友时，一定要明确自己的标准，结交正直、诚信、知识广博的人，而远离谄媚逢迎、表面奉承背后诽谤、花言巧语的人。

总之，一定要结交品行端正、心地善良、乐于助人、勤奋上进的人。这样的人是益友，一生中都会对你有很大的帮助。

2. 交友不在多，而在于精

荀子还提醒，交友不在多，而在于精。

一个人的精力是有限的，如果不加选择，一味地以多交友为荣，则会整日忙于应酬，把大部分的精力放在与朋友的周旋上，必然影响工作和生活。

再者，结交的人多了，也必然影响到对朋友的鉴别，如果所结交的人中有品行不端或居心不良者，很可能给自己带来危害。

《易经》云："比之匪人，不亦伤乎！"你靠近了不该靠近的人，怎么能不伤到自己呢？因此，交友必须谨慎，要结交益友，而不要和那些品行不端的人结交。

与人为善，以和为贵

【原典】

荀子曰："人之性恶明矣，其善者伪也。"

【古句新解】

荀子说："人的本性丑恶是很明显的，若要善良需要靠人为的努力。"

自我品评

孟子曰："君子莫大乎与人为善。"俗话说：善有善报，恶有恶报。荀子认为人的本性本是丑恶的，若要善良需要靠人为的努力。是的，如果每个人都心存善念，以和为贵，那么这个世界将变得和谐美满！

与人为善，让爱生爱

在我们的人生路上，若想让别人成为自己的朋友，首先，我们必须成为别人的朋友，因为心要靠心来交换，感情只有用感情才能换取。一颗善良的心，往往不只是制止或改变了一种行为，更重要的是感化了人的灵魂。如果我们播撒善的种子，那么，通过不断的循环，善还是会归还给我们自己，所以，学会善待他人，才能够让爱生爱。

一位叫小芳的年轻女孩嫁人了。原本，她以为自己婚后的生活一定会非常的幸福，然而，谁承想却事与愿违，她与婆婆关系处得非常的糟糕。她总觉得婆婆一直处处针对自己、为难自己、跟自己作对，于是，她的心里一直在盘算着，如何对付自己的这个坏婆婆。

这一天，小芳来到了一家医院，她悄悄地问一位慈祥的女医生道："医生，有什么秘方可以毒死我的婆婆吗？我实在是受不了婆婆的虐待了！"女医生听了，并没有直接阻止她，而是笑着对小芳说："我给你开一剂'酸泥丸'，你可以在每天吃饭之前，拿出一颗来给她吃，这是一种慢性毒药，可以让人死于非命，只不过在给你婆婆吃'酸泥丸'的这段时间，你要故意装作很孝顺的样子侍候她，才不会让她起疑心。三个月后，你的婆婆就会有所变化，那时你再来这儿，我再给你加大药的剂量，到了第一百天，必有效果。"

小芳听了这番话，便高高兴兴地拿着医生开给自己的药回去了。回家后，小芳一改往日的敌对态度，开始善待起自己的婆婆来，每天按时给婆婆做饭；晚上也不乱跑了，陪着婆婆一起看电视；只要有空就守在婆婆身边，不是陪着聊天，就是给婆婆按按摩……当然，做这些改变的目的只有一个，那便是为了让婆婆吃了那颗医生开的"酸泥丸"！

三个月后，小芳按时来到了女医生那里，然而，这一次却并不是让医生加重剂量，而是对医生说："医生，我不想毒死我的婆婆了，你救救她吧！"

女医生听后并不惊讶，而是问小芳："你为什么改变主意了呢？"

"自从我听了你的话，便每天尽心尽力地侍候她，当她吃下几颗'酸泥丸'以后，突然改变了对我的态度，变得对我非常和善，并且，还经常抢着做家务，让我多休息，像我的母亲一样关怀我，所以我要救我婆婆。"小芳说着，眼里流下了一行热泪，随后，她带着哭腔继续说道，"医生，你快给我开一剂解毒的药，我求求你了，赶快救救我的婆婆吧！"

慈祥的医生听完小芳的话，突然开怀一笑，紧接着说道："我知道你会来的，你放心好了，你的婆婆是不会死的。其实，'酸泥丸'

并不是什么毒药,而是一道可口的点心,因为你为了让自己的婆婆吃'酸泥丸',便开始学会了善待她,你婆婆也是有血有肉的人,当她感觉到了你的孝顺,自然也会改变对你的态度,从此开始善待你了!"

都说婆媳关系是最难处理的一种家庭关系,因为媳妇不是婆婆身上掉下来的一块肉,所以,彼此难免会产生诸多的猜疑。然而,任何事都不是绝对的,只要媳妇能掌握一些与公婆相处的方法,自然就能够改善婆媳之间的关系,从而促成家庭生活的美满。一个聪明的女人,一定懂得与人为善的智慧,体贴公婆、照顾小姑与小叔、关心丈夫的朋友,能为你营造一个幸福的家庭港湾!

以和为贵,人脉宽广

中国古人对"和"十分重视,在他们看来,"和"是处理一切事物所追求的目标。

孔子曾说:"礼之用,以和为贵。""和",意味着自然、完美、平衡和秩序。因而,对"和"的追求,既是一种得之于生活的感性经验,也是一种同信仰纠结在一起的对大千世界运动规律的理性升华。

明宪宗朱见深曾经画过一幅画,题目是《一团和气图》。画面上的人物由于开怀大笑,浑身缩成了一个滚圆滚圆的大球。但仔细分辨,则会看出这幅人物画虽只有一副面孔,实际上却是三个人的身体合在一起的。一个封建皇帝画这样一幅画是什么意思呢?原来,它取材于一则著名的典故。

陶渊明、陆修静和惠远法师分别是儒、道、佛三家的门徒,三人私交甚好,经常在一起切磋学问。惠远法师有个不成文的规矩,送客绝不超过山下的虎溪。但有一天,三人边走边谈,不知不觉竟越过了这个界线,于是相顾开怀大笑。这就是著名的"虎溪三笑"。有一天,明宪宗朱见深借这个典故画了《一团和气图》,并召群臣上殿,明确地要求大家"忘彼此之是非,蔼一团之和气",即大家不要互相钩心斗角,而是要和睦相处、团结友善。

早在2000多年前,西周就设有"调人"一职,专门"排患释难解纷争"，协调人际关系，后来历代朝廷都延续了这种制度。今天，我国建立了一整套比较完善的人民调解制度。随着经济的不断发展，出门旅游、乘车坐船等习以为常，难免你占了我的座儿，我挡了你的道儿。若遇上修养欠缺、脾气火爆的，矛盾就会一触即发。这时，如果你能及时好言相劝，甚至主动出让自己的方便，怨恨也就随之烟消云散了。

另外，做人以和为贵之道，可以算得上是一种自我保护的哲学。这种哲学教导人们，知常守恒，不要有非分之想，也不要越出自己的利益范围去多管闲事。比如，汉语中的"福"字与"辐"字相通，相当于车轮的条辐，几十根车条围绕一个轴心，构成一个有秩序的协调整体，这就叫幸福在于"人心之通"。人们都恪守本分、互不干涉，而又互相依赖，这样一种和平宁静的生活就是幸福。即使上下级、同事、邻居之间发生矛盾或分歧，人们也总要尽量地保持和谐一致。处世以和为贵的人，必有广阔的胸怀。俗话说："量小失众友，度大集群朋。"为人有宽阔的胸襟、恢弘的度量，才能赢得友谊，增进团结。只有胸怀宽广的人，才能解人之难，使人乐于亲近。而胸襟狭窄者则会嫉人之才、妒人之能、讽人之缺、讥人之误，因而在他的周围便会产生一种无形的排斥力，使人对其避而远之。

做到和气，其实就会赢得好人缘，好人缘是事业成功和生活幸福的基石之一。"人和为宝"、"和气生财"，实质上讲的都是人缘的重要。与身边的每一个人保持和气，就很容易被人认可和称誉，从而捷足先登，踏上更有利于发展自己的康庄大道。

当然，与人为善、以和为贵、胸怀大度的锻炼，并非一日之功，还要靠长期的修养。需要说明的是，以和为贵并不意味着不分是非曲直，遇事视若无睹、麻木不仁，不讲原则。我们倡导以和为贵，对民族国家而言，利于和平；对社会而言，利于和谐；对个人、家庭、朋友而言，利于和气。

与人为善，让爱生爱；以和为贵，人脉宽广。做到这些，那么这个世界就会少一些纷争，多一些安宁！

第三章 端然正己
——荀子这样说品格

荀子曰:"端然正己,不为物倾侧,夫是之谓诚君子。"荀子的意思是说君子以道义为准则,谨慎言行,不为外物动摇,这样的人才称得上是真正的君子。身处乱世,荀子刚正不阿,嫉恶如仇。他以"古之所谓士者"的忠实敦厚、谦虚温和、乐善好施、遵纪守法、兢兢业业等美德懿行,与"今之所谓士者"的诡诈龌龊、贪得无厌、违法乱纪、恣意妄为等作对比,强烈地表达了自己的耻感文化品格。

端正自己，不为利所诱

【原典】

荀子曰："传曰：'君子役物，小人役于物。'"

【古句新解】

荀子说："传说：'君子能支配身外之物，小人被身外之物支配。'"

自我品评

人与物之间役使与被役使的关系包括物质和精神两个层面。从物质层面上说，荀子主张充分发挥人的主观能动性，在尊重自然的基础上，积极地利用和改造自然，"制天命而用之"（《荀子·天论》），而不是消极被动地屈服于自然的威力，这就是"役物"与"役于物"的分别。

君子、小人是古人道德意义上的称谓，因而"君子役物，小人役于物"主要是从道德意义上而言的。也就是说，君子支配外物而不为外物所支配，不受任何现实关系的规定、束缚、限制，无挂无碍、悠然自在，从而获得绝对的人格独立和精神自由。如白居易所言："闻毁勿戚戚，闻誉勿欣欣。自顾行何如，毁誉安足论？"（《白氏长庆集》）小人则不然。

小人被外物所累，在五光十色、物欲横流的世界上，身陷各种贪欲烦恼的纠缠之中，为了追求功名利禄而迷失了自己的本性，失去了自我，成为权势、金钱、名声的奴隶，最终"以文徇名名必骞，以货徇身身必亡"（宋濂《潜溪邃言》）。追求遗世独立、精神逍遥的庄子也呼吁人要做自己的主人，"物物而不为物所物"（《庄子·外篇·山木》）。这些都体现出中国传统文化中抵制拜物教的人文精神。

"人是自私的动物"，这句话没错！任何人都必须承认自己和他人都有自私性，也必须承认为自己谋求利益是合理合法的。但这些都应该是有限度的，在古代"度"是人性容忍的底线，在今天就是法律规定的范围。否则，一旦人的私欲决堤泛滥，就会侵害到别人，甚至严重触犯法度，那么，就会遭到怨恨和惩处。古往今来，因为私欲太重而遭到祸患的例子，多不胜数。这些教训是很值得人们在现实中引以为戒的。

荀子说："贪财好利并且希望得到财利，这是人的本性。"又说："资财缺乏的向往丰厚，丑陋的向往美丽，狭小的向往宽大，贫穷的向往富足，低贱的向往高贵，如果本身不具备，必然要追求拥有。"

追求拥有，而没有一个终点，就容易被外物所奴役。

所以，荀子借用古语中的一句话说："君子役物，小人役于物。"

之所以如此，终因一个"贪"字在作怪。贪无止境，会给自己带来灾祸。

人一旦贪心过重，就什么事情也办不好。受贪欲的影响，总是奢望自己能够多占多得、不劳而获，稍不如意，便气恨不已。只看到眼前的利益，有损人格不说，同时也会失去长远的利益。

《礼记·表记》上有与此类似的话："事君可贵可贱，可富可贫，可生可杀，而不可使为乱。"君子以求道为目标，追求精神世界的丰盈富足，所以"谋道不谋食，忧道不忧贫"（《论语·卫灵公》），甚至"朝闻道，夕死可矣"（《论语·里仁》），视功名利禄、荣华富贵为身外之物。在贵贱贫富面前，甚至在生杀予夺面前，君子坚定不移地维护的是自己的独立人格，矢志不渝地追求的是自己的独立意志："三军可夺帅也，匹夫不可夺志也。"（《论语·子罕》）这也就是孟子所描述

第三章 端然正己
——荀子这样说品格

并为君子所推崇的大丈夫："富贵不能淫，贫贱不能移，威武不能屈。"（《孟子·滕文公下》）

现代学者梁漱溟是一个"可杀而不可使为奸"的典范。梁漱溟一生光明磊落，宁折不弯，傲骨铮铮，以其道德文章而壁立千仞，以其特立独行而赢得"中国最后一位大儒"的美誉。虽然常常徘徊于"独善其身"与"兼善天下"的矛盾中，梁漱溟始终坚持"独立思考"、"表里如一"的八字箴言，"不苟同于人"，"本所思而立，从所信而行，不随俗沉浮"。在著名社会活动家费孝通看来，梁漱溟是其"一生中所见到的最认真求知的人，一个无顾虑、无畏惧、坚持说真话的人"。张中行先生如此评价梁漱溟：中敬之处不少。有非天悯人之怀，一也。忠于理想，碰钉子不退，二也。直，有一句说一句，心口如一，三也。受大而众之压力，不低头，为士林保存一点点元气，四也。不作歌颂八股，阿谀奉承，以换取虚假的享受，五也。

荀子告诫我们，人的欲望是无尽的，过分的欲望便是贪婪。人一旦贪心过重，就会心术不正，就会被贪欲所围，离开事物本来之理去行事，就会将事情做坏做绝，大祸也就随之而来。所以，我们必须摒弃贪婪之心。

1. 树立正确的价值观

一个人首先要树立正确的价值观。一个有正确价值观的人，必然是一个有着自我约束力的人，同时他也就知道自己需要什么。不需要什么。其次，要培养正确的判断力。一个有正确判断力的人，懂得什么是美，什么是丑；什么是善，什么是恶。相应地，他也就懂得努力去追求美与善，而尽可能抛弃丑与恶，这样自然就避免了贪婪。

2. 选择淡泊，摒弃贪念

人都有欲望，贫穷的人想变得富有，低贱的人想变得高贵，默默无闻的人想变得举世闻名，没有受过赞誉的人想得到荣誉，这本无可厚非，但问题在于不管追求什么总要适可而止。世界上，美好的东西实在太多，我们总是希望得到尽可能多的东西，其实欲望太多，反而会成为累赘,还有什么比拥有淡泊的心胸,更能让人充实满足的呢?

3. 知足常乐,不为外物支配

知足,并不是指对美好的生活失去信心和追求,而是维持心理的平衡,保持心境的宁静,在物质享受上不至于过分奢侈,量体裁衣,一切量力而行。知足,能使人将有限的精力投入到事业中去;知足,才能常乐。

荀子提醒我们,摒弃贪婪,不为外物所支配,强调以自律来实现自我节制,注重内心的道德修养,杜绝并摒弃贪得无厌的欲望,从而维持自己的高洁人品,增长智慧。像这样的人,就是君子了。

荀子十分注重内在品德修养,认为只有重视品德修养,才能看轻外物,而不为外物所奴役。的确,人应该是自己需要的主人,是自己欲求之物的主人。但如果贪得无厌、欲壑难填,就会被身外之物所奴役,甚至因此招致灾祸。

身正心平，流言自破

【原典】

荀子曰："语曰：'流丸止于瓯臾，流言止于智者。'"

【古句新解】

荀子说："《论语》说：'流动的弹丸在瓦器中就会停止，流言飞语在明白人那里就会平息。'"

自我品评

荀子曰："流言灭之。"流言飞语要扑灭它。

流言，顾名思义，是一种轻佻的语言形式，飘忽不定且不负责任，利用人们的好奇心、窥探欲而生存。它在人的嘴巴、耳朵间游弋、变幻、生长、腐溃。

荀子憎恨流言，他主张不轻信流言。

荀子曰："流言止于智者。"流言飞语在明白人那里就会平息。

人们之所以轻信流言，是因为不了解实际情况，从而为流言所蒙蔽。

荀子说："对是非有疑问，就用过去的事情来衡量它，就用眼前的事情来检验它，就用公正的心来考察它，流言飞语就会平息，恶毒的攻击就会消失。"

用事实来检验，用心去思考，再恶毒的流言也会不攻自破。

生活中，我们难免会听到流言，这就要求我们不轻信、不传播流言，让流言飞语在我们这里停息。

梵音禅师一向受到邻居的称颂，说他是位纯洁的圣者。

有一对夫妇，在寺院附近开了一家布店，家里有个漂亮的女儿。不经意间，两夫妇发现女儿的肚子无缘无故地大了起来。

这使得她的父母颇为震怒，免不得要追问来由。她起初不肯招认那人是谁，但经过一再苦逼之后，她终于说出了"梵音"二字。

她的父母怒不可遏地去找梵音理论，但这位大师只有一句答话："就是这样吗？"

孩子生下来就被送给了梵音，此时，大师名誉扫地，但他并不介意，他向邻居乞求婴儿所需的奶水和其他一切用品，非常细心地照顾孩子。

时隔一年之后，这位没有结婚的妈妈再也忍不下去了。她终于向她的父母吐露了真情：孩子的亲生之父是在鱼市工作的一名青年。

她的父母立即将她带到梵音那里，向他道歉，请他原谅，并请求将孩子带回。

梵音无话可说，他只在交回孩子的时候轻声说道："就是这样吗？"

与禅师心如止水的超然风度相比，那些时刻不忘保护自己，稍有伤害便暴跳如雷的世人应该警醒。谣言止于智者，对于别人的空穴来风，诽谤责难，如果忍不住去辩解，有时可能会越描越黑。

看一下互联网上的新闻，全世界几乎每天都有关于各界名人谣言和辟谣的报道在传播。并非所有无中生有、无处不在的谣言都能影响到名人的生活和心情。有的人一笑了之，觉得既是谣言，迟早会不攻自破，时间能说明一切。鲁迅曾说过一句话："最高的轻蔑是无言，有时连眼珠也不转一转。"很多事都是口说无凭的，你通常不知道编造谣言的人是谁，与其着急辩解不如一笑了之，这样造谣言者找不到门，也就不攻自破了。

有些人说，忍让是软弱，你越忍让，他便会蹬鼻子上脸地越欺负你。但事实并非如此，忍不是软弱而是力量，这是一种感化别人的力量。所谓的"量小非君子，无毒不丈夫"，其实是"无度不丈夫"，没有度量的人就不能称之为丈夫。

也有人说，你侮辱我，就是侮辱了我的人格。人格是最重要的，忍受别人的侮辱，对自己的人格没有任何负面影响，反倒显示了我们人格的高尚。所以，一切冤家对头都不要恨他，他是来成就我们的忍辱度的。如果一个人在遭受侮辱时，可以淡然处之，这个人才是真正的难得；人家若瞧不起我，而我能一点都不在意，这才是真正了不起的人。但是，世间能找到几位这样的人物？

大人物与普通人的区别就在于，即使有天大的事情，到大人物这里就没有事情。天大的纷争、动乱、攻击、不满，到他这里就化为乌有。而普通人则闻风便是雨，还不知道事情原委，就已经唧唧喳喳个不停，开始咬牙切齿了。他希望得到别人的尊敬，希望保持自己的好名声。如果一个人仅靠尊敬赞美和鼓励才能生活，那么他实在是一个脆弱的人。

事实上，与我们关系最为密切的是直接针对我们的流言，这往往让我们烦恼，甚至使我们不知所措，那么，又该如何对待这种流言飞语呢？

1. 要消除畏惧心理

人活在世上，总免不了被他人议论。重要的是，自己不被气势汹汹的流言吓倒。在流言面前不知所措，甚至败下阵来，那是懦夫的行径。要不为流言所动，无论面对多大的压力，都不畏惧，更不会对生活失去积极进取的勇气。

2. 要学会独立思考

想在流言飞语面前站稳脚跟，坚定自己的信念，就需要有独立思考的能力，有自己的主见。因此，你应该对流言进行一番分析，看看其中是否确有一点合理的东西，但是，如果完全被流言所左右，就会被搞得晕头转向。

同时，多想想自己应该成为一个什么样的人，而不是总去想自己在别人眼中是什么形象。只有这样，你才能勇往直前朝着自己的目标前进。

3. 要有宽广的胸怀

受到流言飞语的袭击，自尊心受到伤害，当然是一件很痛苦的事情。在这种处境中，非常容易产生报复的心理。对此，你必须用理智支配自己的情绪，学会用宽容的态度去对待别人，以德报怨，这样，不仅自己提高了修养，而且大多数旁观者会理解你，流言的制造者也会为自己的行为而感到羞愧。

弹丸止于洼坎，谣言止于智者。面对谣言与侮辱要做到不生气，尽管坏话说得很厉害，也不过是像拿火去烧天空，虚空中无物可烧，而火却是终归要熄灭的。人的烦恼，都是从心上造出来的，我们的心不动，那么烦恼还会从何处生出来呢？

温和敦厚，做人之本

【原典】

荀子曰："《诗》曰：'温温恭人，维德之基。'"

【古句新解】

荀子说："《诗经·大雅·抑》中说：'温柔敦厚，是道德的根本和基础。'"

自我品评

古人说："敦厚之人，始可托大事。"淳朴厚道是一个人宝贵的德行。淳朴厚道的人会得到别人的信任，淳朴厚道的人少有灾难，即使遇到了不可抗拒的灾害，他也会因为自己的淳朴厚道而遇难呈祥。一个人如果虚伪奸诈，会在政治上成为两面派，在社会上成为因利弃友的市侩人，遭世人厌恶。这样的人是没有朋友的，有也只是利用关系来达到自己的目的，把朋友当做工具。

早在《诗经》、《尚书》、《论语》等先秦典籍中，就有关于君子温柔敦厚品德的论述。

荀子继承了这一思想，认为温柔敦厚是君子人格的主要特征。荀子在说明君子的品格和作为时，就曾引用《诗经·大雅·抑》中的话："《诗》曰：'温温恭人，维德之基。'"认为温柔敦厚，是道德的根本和基础。

在荀子看来，作为道德和理想人格的一个重要标准，君子应该将温柔敦厚作为自己的内在品质。

那么,温柔敦厚的品德又是怎样的呢?

荀子在《不苟》中说:"君子宽而不慢,廉而不刿,辩而不争,察而不激,直立而不胜,坚强而不暴,柔从而不流,恭敬谨慎而容。"

意思是说,君子宽和却不怠慢,有棱角却不刺伤人,善于论辩却不强辞夺理,明察却不偏激,正直却不盛气凌人,坚强却不残暴,温顺却不随波逐流,恭敬谨慎却大度。

荀子在《不苟》中又说:"君子大心则敬天而道,小心则畏义而节;知则明通而类,愚则端悫而法;见由则恭而止,见闭则敬而齐;喜则和而理,忧则静而违;通则文而明,穷则约而详。"

也就是说,君子志向远大时就要顺应天地的自然规律,志向小的时候就要谨慎地遵守礼义的约束;聪明就能处事精明而且触类旁通,愚笨就能端正忠厚而且守法;受到重用就能做到谨慎地进退,不被重用就会遵守礼义而且自爱;高兴时能和顺而且守礼义,忧愁时能默默地回避;显达时谈吐高雅而且精明,穷困时能语言简约而详尽。

荀子认为,在顺境时,君子能恭恭敬敬而不轻举妄动;在逆境中,君子能警惕庄重,恬静守理。

荀子还指出,君子应该爱憎分明,即"隆师而亲友,以致恶其贼",应该光明磊落,铮铮铁骨,即"君子崇人之德,扬人之美,非诌谀也;正义直指,举人之过,非毁疵也……刚强猛毅,靡所不信,非骄暴也。"

下面的两个小故事可以证明这一点。

北宋大词人晏殊还没有成年时参加殿试。他看过试题,说:"我十天前已经做过这个题目,而且文章草稿还保存着,请皇上换别的题目吧。"宋真宗非常喜欢晏殊的这种诚实。

有一年,宋真宗允许臣僚们挑选旅游胜地举行宴会。各级官员都踊跃参加,连歌楼酒店也都设置帷帐以供宴会和旅行住宿需要。晏殊这时手头拮据,没钱出游,便留居家中与兄弟读书论理。这天,宋真

第三章 端然正己
——荀子这样说品格

宗挑选辅佐太子的官员，出人意料地在百官中选任晏殊。宰相问真宗用意，真宗解释说："我听说各级官员，无不游山玩水，大吃大喝，通宵达旦，歌舞不绝，唯有晏殊闭门与兄弟读书，如此谦厚，正可担当辅佐太子的重任。"晏殊听说后，便老老实实地向真宗说："我并不是不喜欢游乐吃喝，只是因为我现在没钱。如果有钱，这些旅游宴会我也会参加的。"宋真宗越发赞赏晏殊的诚实，又因为晏殊懂得为臣之道，便越来越受到真宗的重用，到宋仁宗时，晏殊被任命为宰相。

三国时，孙策任用吕范主管东吴财经大权。孙策的弟弟孙权此时年少，总是偷偷地向吕范要钱，吕范则一定要请示孙策，从来没有擅自答应孙权。因这事孙权对吕范很有意见。后来孙权任阳羡县令，建立了自己的小金库以备私用。

孙策有时来查账，周谷便为孙权涂改账目，造假单据，使孙策没有理由责怪孙权。孙权这时很感谢周谷。

后来，孙权接替孙策统管东吴大事，因为吕范忠诚，受到孙权的信任，而周谷却因为善于欺骗和更改账目，而始终没有得到孙权的重用。

其实，只有温和敦厚，才会使你获得真正的朋友，在复杂的人际交往中立于不败之地。倘想获得知己，必先以真诚待人。你如能先给人一点点温暖，就可在茫茫人海中找到知己，把交友当经商般地经营，确有其人，但路遥知马力，日久见人心。诚能动人，至诚可以感天，虽说是老话，但其效力的宏大，古今中外，颇少例外。诸葛亮曾高卧隆中，自比管乐，无意于当世，与刘备素昧平生。刘备深知其才华，"三顾茅庐"才得相见，此举表现了他的诚挚。于是诸葛亮便以身相许，虽几经挫折，终不灰心，做到"鞠躬尽瘁，死而后已"，由此可见温和敦厚之伟力。

总之，做人必须培养自己温和敦厚的品德。具备了这一品德，才能在顺境、逆境之中没有忧愁；才能凡事顺利没有阻碍；才能一生幸福没有灾祸。

君子善于诚

【原典】

荀子曰："君子养心莫善于诚，致诚则无它事矣。"

【古句新解】

荀子说："君子修养身心没有比诚实更好的了，做到诚实就再也没有其他的事做不成了。"

自我品评

诚实是一种智慧，是一种美德，是开启人们心灵的钥匙。唯有诚实待人，才能得到别人的信任。荀子认为，诚实是人最重要的品行之一，是为人的根本。

诚实是指在自己在别人面前问心无愧。诚实也是一个人对于自己行为和恰当的人际交往的一种意识。诚实的人，就不会虚伪和做作，不会使别人产生疑惑和不信任感。诚实有助于形成完整统一的生活，因为诚实的人内在与外在是完全一致的。诚实就是说你所想，做你所想。也就是言行一致，心口如一。

荀子说："天地是至大的了，不诚实就不能化育万物；圣人是睿智的了，不诚实就不能感化万民；父子是最亲的了，不诚实就会相互疏远；国君是至高无上的了，不诚实就显得卑下。所以，诚实是君子的操守，是政事的根本。"

诚实是最好的策略。诚实的人也许无法让所有的人都喜欢他，但至少可以让大多数人都信任他。诚实的人日久天长会逐渐具有宽容博大的胸怀，周围充满微笑和友爱；心地纯洁的人会渐渐养成自律的习惯，周围充满宁静和平的氛围。

荀子说："保持诚实，就会得到。"其实，诚实本身就是一种奖励。诚实的人，从不担心向谁撒了什么谎，无需忧虑会被揭穿，所以，他们可以集中心力，做一些有意义的事情。

荀子还说："舍弃诚实，就会失去。"与诚实相对的是欺骗。撒个小谎原本是毫无恶意的，但久而久之会成为一种习惯，成为理所当然。小的谎言需要大的谎言来掩饰。然后，谎言就会愈扯愈大。一个不诚实、喜欢撒谎的人，会失去高贵的品质，也会失去别人对他的信任。

诚实是一把衡量人品的尺子。这把尺子，适用于古今中外所有的人。当然，所有的老板也会把诚实作为衡量员工的重要标准。

雅利安公司是美国环球广告代理公司中国办事处，因为业务需要，正准备招聘4名中国高级职员，担任业务部、发展部主任助理，待遇自不必言。竞争是激烈的，凭着良好的资历和优秀的考试成绩，童先生荣幸地成为10名复试者中的一员。

雅利安公司的人事部主任戴维先生告诉童先生复试主要是由贝克先生主持。贝克先生是全球闻名的大企业家，从一个报童到美国最大的广告代理公司董事长、总经理，他的经历充满了传奇色彩。并且，他年龄并不很大，据说只有40岁上下。听到这个消息，童先生非常紧张，一连几天，从英语口语、广告业务及穿戴方面都做了精心准备，以便顺利过关。

考试是单独面试。童先生一走进小会客厅，坐在正中沙发上的一个老外便站起来，童先生认出来：正是贝克先生。

"是你?! 你是……"贝克先生用流利的中文说出了童先生的名字，并且快步走到童先生面前，紧紧握住了童先生的双手。

"原来是你! 我找你找了很长时间。"贝克先生一脸的惊喜，激动地转过身对在座的另几位老外嚷道："先生们，向你们介绍一下，这位就是救我女儿的那位年轻人。"

童先生的心狂跳起来，还没容童先生说话，贝克先生把他一把拉到他旁边的沙发上坐下，说道："我划船技术太差了，让女儿掉进昆明湖中，要不是这位年轻人就麻烦了。真抱歉，当时我只顾照看女儿，也没来得及向你道谢。"

童先生竭力抑制住心跳，抿抿发干的双唇，说道："很抱歉，贝克先生，我以前从未见过您，更没救过您女儿。"

贝克先生又一把拉住童先生："你忘记了4月2日，昆明湖公园……肯定是你！我记得你脸上有块痣。年轻人，你骗不了我的。"贝克先生一脸的得意。

童先生站起来："贝克先生，我想您肯定弄错了。我没有救过您女儿。"

他说得很坚决，贝克先生一时愣住了。忽然，又笑了："年轻人，我很欣赏你的诚实。你不用再参加面试，明天来上班吧。"

童先生幸运地成了雅利安公司职员。有一次，他和戴维先生闲聊，童先生问戴维："救贝克先生女儿的那位年轻人找到了吗？"

"贝克先生的女儿？"戴维先生一时没反应过来，接着他大笑起来，"其实，贝克先生根本没有女儿。"

这个故事表明如果你不诚实，他人自然不会对你产生信任。试想，有哪一个老板愿意自己的下属不诚实呢？不受老板重用的员工又怎能成功呢？

诚实不仅仅是一种美德，它更是你走向成功的一种资本。诚实的员工，不仅让老板信任你，也让你的客户相信你，愿意和你做生意，也让你的同事愿意帮助你，它还能帮助你的工作业绩突飞猛进。试问，一个既有能力，又非常诚实的员工还会得不到老板的重用吗？

在自认为自己很聪明的人看来，诚实似乎有点"傻帽"，其实，诚实是长期投资，只有坚持这个原则，才能给人诚实的好印象。平时没有树立诚实的好品格，到关键时刻你的话就引不起足够的重视。诚实可能会一时吃点亏，但最终会因为这种品质而受益匪浅。所以，正如荀子曰："君子养心莫善于诚。"

贤而能容，有容乃大

【原典】

荀子曰："接人用抴，故能宽容，因众以成天下之大事矣。"

【古句新解】

荀子说："用舟船似的胸怀待人，所以能够对他人宽容，也就能依靠他人来成就治理天下的大业了。"

自我品评

海纳百川，有容乃大。宽容是一种气度，宽容是一种修养、一种境界。

水至清则无鱼，人至察则无徒，所以孔子说："宽则得众。"宽容则能群策群力，成就大事。例如，齐桓公以国家社稷利益为重，宽宏大度，不计较差点要了他性命的射钩之仇，重用管仲为相，最终九合诸侯，一匡天下，成就了霸业。没有宽容的气度，齐桓公不可能成为春秋历史上的第一代霸主。

君子对己必严，待人则须宽。从消极处来说，这样做可以不招人怨恨，如孔子所谓"躬自厚而薄责于人，则远怨矣"。从积极处来说，严于律己、以身作则，则可以德服人，宽以待人则可集思广益，成就宏大的功业。

关于待人须宽而责己须严，有许多格言都很值得回味，例如：与人不求备，责人须宽；检身若不及，责己要严。责己则攻短，论人则取长。

以恕己之心恕人,则全交;以责人之心责己,则寡过。自家有好处,要掩藏几分,这是涵育以养深;别人有不好处,要掩藏几分,这是浑厚以养大。

与人交往,重要的是学习他人的长处。而对他人的短处,应持宽容的态度。如果因为别人某一方面不如自己,就不与他交往,那么永远也处理不好人际关系。

面对他人的过错,耿耿于怀,睚眦必报,带来的是心灵的负累,真正的智者会选择一份包容、一份泰然。越王勾践"十年生聚,十年教训",终于能够兴越复仇,一雪前耻。他可以忍受卧薪尝胆的苦楚,却在灭吴后下令诛尽吴国宗室。他懂得隐忍,却不懂得宽容。齐王韩信未发迹时有过"胯下之辱",却在功成名就之后,见到当初侮辱自己的无赖,能不计前嫌任命他为巡城校尉。从这个角度而言,韩信的人格要比勾践更高尚。

学会宽容他人,就是学会了宽容自己。宽容他人对自己有意无意的伤害,是令人钦佩的气概;宽容他人对自己的敌视、仇恨,是人格至高的袒露。总之,我们应学会宽容。对一般人也好,对亲戚朋友也罢,每个人都应善待他、包容他,这样,人与人之间就会呈现出一派和谐美好的景象。

荀子曰:"荡荡乎,其有以殊于世也。"君子的胸怀多么宽广啊!这就有了与世人的不同之处。是否做到宽容,是君子与普通人最大的区别之一。

当然,荀子所说的宽容,不是无是非、无原则,不是姑息、纵容,而是使人摆脱斤斤计较的心态,开阔凡事耿耿于怀的心胸。

《第六只耳环》中有一个故事,就能体现宽容的魅力。这个故事,发生在经济大萧条时的美国。

在经济不景气的环境下,珍妮小姐费了九牛二虎之力,才找到了一份在一家高级珠宝店当售货员的工作,就当时的情况而言,这已经是一份不错的工作了，因此，她非常珍惜这份工作，将所有事物都处理得井井有条。在圣诞节的前一天，店里走进一位30岁左右的男顾客，虽然他的穿着干净整洁，看上去也很有修养，但很明显，他也是一个遭受失业打击的不幸者。

此时正值中午，店里只有珍妮一个人，其他几个职员都出去吃饭了。

看见有顾客到来，珍妮热情地跟男子打招呼，但他却不自然地笑了一下，并将目光从她脸上慌忙地躲开，仿佛在说：你不用理我，我只是随便看一看。

这时，电话铃响了，珍妮赶忙去接电话，不小心打翻了摆在柜台上的盘子，盘中有六枚精美绝伦的金耳环，瞬间都掉在了地上。慌忙的珍妮连忙弯腰去捡，但在她捡回了五枚以后，却怎么也找不到第六只金耳环。当她抬起头时，突然看见那位男顾客正匆忙地向门口走去，顿时，她明白了那第六只耳环在哪里。

当男子的手即将触到门把手时，珍妮柔声叫道："等一下，先生。"

男子闻声转过身来，两个人四目相接，都静默无言。此时，珍妮的心在狂跳不止，心想：我该怎么办？伙伴们都不在，他会不会动粗呢？我要不要大叫有贼，或者干脆直接报警？但他可能只是一时糊涂，这会害了他一生，可这份工作是我好不容易才找到的。我究竟该怎么做呢？……

正当珍妮思考之际，男子却开口说话了，他说道："什么事？"

珍妮极力控制住自己的紧张，并鼓足了勇气，说道："先生，这是我的第一份工作，你知道的，现在找份工作多么不容易，你能不能……"

听完这段话，男子用极不自然的眼光，审视了珍妮很久，终于，一丝微笑浮现在了他的脸上。此时，珍妮那颗悬着的心，也平静了下来，她也微笑着看他，就这样，这两人变得像老朋友见面那样亲切而自然。

"是的，的确如此。"男子脸上的肌肉抽搐了一下，回答，"但是我能肯定，你在这里会干下去，而且会很出色，因为你是一个好人!"说到这里，男子停顿了一下，转身向珍妮走去，并将自己的手伸向她，问道："我可以为你祝福吗?"

紧紧地握完手后，男子再次转身，缓缓地走出了店门。

此时，珍妮小姐目送着男子的身影在门外消失，随后，便转身走回柜台，将自己手中的第六只耳环放回原处。做完这一切，她的眼睛有些潮湿，心想：幸好我选择了宽容他，而不是向警察告发他，否则，我这份工作就没了。上帝呀，让这些日子赶快过去，让大家都好起来吧!

宽容别人，是对对方的一种尊重、一种接受、一种爱心，但有时，宽容更是一种人生智慧，因为宽容和理解，最能打动人心，聪明善良的珍妮小姐，正是利用这一点，找到了解决问题的最好方法。宽容他人的过失，也就给了他一次改过自新的机会。这个故事告诉我们，宽容有化干戈为玉帛的奇妙效用。

相反，如果珍妮小姐当时惊惶失措报警，或者大吵大嚷，结果就肯定没有这么完美了，即使她没有丢掉这份工作，也会时刻担心那位男子的报复。由此可见，我们必须懂得宽容这种智慧!

古人云："惟宽可以容人，惟厚可以载物。"这是告诉我们，做人要学会宽容。宽容，就是要做到宽宏而有气度，不计较、不追究。包容是一种发自心灵深处的内在修养，是一种良好习惯的自然表露。我们只有真正敞开胸襟，做到包容待人，才能够获得更多真情，拥有更多快乐。

有这样一句流行语："当你伸出两个手指，去谴责别人时，余下的三只手指，恰恰是对着自己的。"不可否认，在我们的人生旅途中，宽容是最能体现善念的举动，它是深含爱心的体谅，既是对别人的释怀，又是对自己的善待，更是对生命的洞悉。总之，它是一种人生的境界，是一种智慧与力量。在很多时候，宽容别人就等于宽容了自己，不仅如此，它还能创造生命的美丽!

君子耻于不信

【原典】

荀子曰:"君子耻不信,不耻不见信。"

【古句新解】

荀子说:"君子耻于自己没有信用,而不耻于别人不信任自己。"

自我品评

君子具有许多优秀的品质,而守信亦为要素之一。"一诺千金,一言百系"、"一言既出,驷马难追"等都是强调一个"信"字。中国人历来把守信作为为人处世、齐家治国的基本原则。自古以来,人们便欢迎和赞颂讲信用的人而谴责和唾弃无信用的人。

荀子说:"君子能做到使人相信,但不能使人一定相信自己。"

荀子还说:"君子耻于自己没有信用,而不耻于人不信任自己。"

做人要守信。所谓守信,即"言必信",也就是说,讲话一定要严守信用,不食言,对自己所说的话要承担责任和义务,取信于人。

所以,对根本做不到的事情,不要许诺;一旦答应别人的事情,就要千方百计、不遗余力地去兑现。当然,如果经过再三努力也办不成事情,则应诚恳地向对方说明原因,表示歉意。

除轻诺寡信之外,好耍小聪明。玩弄手腕者也大多失信于人。这样的人也许可以一时欺骗蒙哄某些无经验者,可以得利于一时,赚到一笔,捞到一把。可是第二次或第三次,他一旦被识破,别人就不会再相信他了,他必将得不偿失。

君失信于臣,必然奸臣增多,朝政混乱;官失信于民,必然民心不平,国无宁日;国家赏罚失信,必然犯罪者增多,效劳者减少;经商者失信于人,经常出售伪劣商品,门可罗雀,大概是他必然的下场;交友失信,必然陷入孤立无援的境地;父母失信于孩子,必然使孩子变成一个虚伪不诚实的人……

荀子提醒我们,失信于人,不仅显示其人格卑劣,品行不端,而且是一种只顾眼前利益不顾将来,只顾短暂不顾长远的愚蠢行为,终将百事不成。

东汉时,汝南郡的张劭和山阳郡的范式同在京城洛阳读书,学业结束,他们分别的时候,张劭站在路口,望着长空的大雁说:"今日一别,不知何年才能相见……"说着,流下泪来。范式拉着张劭的手,劝解道:"兄弟,不要伤悲。两年后的秋天,我一定去你家拜望老人,同你聚会。"

两年后的秋天某日,落叶萧萧,篱菊怒放,长空一声雁叫,牵动了张劭的情思,不由自言自语地说:"他快来了。"说完赶紧回到屋里,对母亲说:"母亲,刚才我听见长空雁叫,范式快来了,我们准备准备吧!"

"孩子,山阳郡离这里一千多里,范式怎么会来呢?"他母亲不相信,摇头叹息,"一千多里路啊!"

张劭说:"范式为人正直、诚恳、极守信用,不会不来。"

老母亲只好说:"好好,他会来,我去准备准备。"

其实,老人并不相信,只是怕儿子伤心,宽慰宽慰儿子而已。

等到约定的日子,范式果然风尘仆仆地从山阳赶到了汝南。老母亲激动地站在一旁直抹眼泪,感叹地说:"天下真有这么讲信用的朋友!"

范式重信守诺的故事一直为后人传为佳话。

"民无信不立"、"与朋友交,言而有信",就是强调人们必须把守

第三章 端然正己
——荀子这样说品格

信用作为人生的重要信条。"诚信者，天下之结也"，这是中国古人从帝王到百姓都信奉的修身立世之本。

当今社会，守信是一个非常重要的交际原则。人离不开交往，交往离不开信用，只有坚持诚信原则的人，才能赢得良好的声誉。他人也才愿意与其建立长期稳定的关系。

日本著名的企业家吉田忠雄说："为人处事首先要守信，才会赢得别人的信任，离开这一点，一切都成了无根之花，无本之木。"

吉田忠雄曾是一家小电器商行的推销员。开始的时候，他做得并不顺利，很长时间业务都没有什么起色，但他并不灰心，而是坚持做下去。

有一次，他推销出去了一种剃须刀，半个月内同二十几位顾客做成了生意，但是后来突然发现，他所推销的剃须刀比别家店里的同类型产品价格高，这使他深感不安。经过深思熟虑，他决定向这20家客户说明情况，并主动要求向各家客户退还价款上的差额。

他这种不惜代价，维护信用的做法深深感动了客户，他们不但没收价款差额，反而主动要求向吉田忠雄订货，并在原有的基础上增添了许多新品种。这使吉田忠雄的业务数额急剧上升，很快得到了公司的奖励，也给他以后自己创办公司打下了良好的基础。

要想建立好声誉，获得别人的好感，你必须看重诺言的价值。一旦失信，你失去的可能不仅仅是一笔巨大的财富，还有你的人缘与未来。

有一则名酒的广告是这样说的：狼来了不可怕，失去诚信才是最可怕的。的确，在人际关系越来越复杂、越来越重要的社会里，这则广告宣传的酒你可以忘记，但这句话你必须永远铭记。

守信或不守信，都是一种习惯。要改掉一种坏习惯比较难，要放弃一种好习惯却很容易，只需一次又一次迁就自己，好习惯就变成了坏习惯，就像抽烟上瘾一样。当你想放弃一种好习惯时，重要的不是别人能不能原谅你，而是你能不能原谅自己。

将守信理解为一种品德，较难坚持。将它理解为一种回报率很高的长期投资，则比较容易变成一种自觉的行动。当你获得了一个守信用的形象时，会获得越来越多人的信任，带来越来越多的机会，这好似一座金矿。反之，缺此一条，别的方面再优秀，也难成大器。

要获得守信的形象并不容易，最要紧的一条是：别答应你无法兑现的事。

古人云："轻诺必寡信。"这不仅是一个主观上愿不愿意守信的问题，也是一个有无能力兑现的问题。一个人经常承诺自己无力完成的事，当然会使别人一次又一次失望。

有的人自己觉得蛮讲信用的，不知道别人为什么老是对他投来怀疑的目光。究其原因，问题很可能出在一些不经意的小事上。平时空口许下一个诺言，以为不是大事，不放在心上。可是，生活中并没有多少大事，当你一次次在小事上失信，就给人形成一个不讲信用的牢固印象，被看成是一个不值得信赖的人。这时再想改变别人对你的成见，就难上加难了。

言不由衷，不守信用，往往是招致怨恨的原因。唯有守信，才会被人信任。言必有信是做人的起码准则之一。

君子慎独，贵在自律

【原典】

荀子曰："声无小而不闻，行无隐而不形。"

【古句新解】

荀子说："声音即使再小也不会听不到，行为即使再隐蔽也不会不表现出来。"

自我品评

慎独是一种修养方法，更是一种道德境界。君子慎独，贵在自律。

生活中有许多俗语，例如：桃李不言，下自成蹊；酒香不怕巷子深；要想人不知，除非己莫为；不做亏心事，不怕鬼敲门。荀子所谓"声无小而不闻，行无隐而不形"表达了与以上俗语同样的意思，也带给我们诸多的启示。

正因为"声无小而不闻，行无隐而不形"，所以"慎独"成为古人极为推崇的一种修养方法。幽暗之中、细微之事，虽未见诸于行但心则有所动，人虽不知而己独知之，故一个人独处时也必须谨慎不苟，这就是《大学》所谓的"君子必慎其独"。曾国藩在遗嘱中告诫家人的第一条就是慎独。他说："慎独则心安。自修之道，莫难于养心；养心之难，又在慎独。能慎独，则内省不疚，可以对天地质鬼神。人无一内愧之事，则天君泰然，此心常快足宽平，是人生第一自强之道，第一寻乐之方，守身之先务也。"（《曾国藩诫子书》）

东汉清官杨震以实际行动阐释了"慎独"。杨震去东莱赴任太守时路过昌邑，昌邑县令王密是他以前荐举的官员。听说杨震到来，夜深人静之时王密怀揣十金前往驿馆拜访，一是对杨震过去的举荐之恩表示感谢，二是想请他以后再多加关照。杨震严辞拒绝了这份礼物，并质问道："故人知君，君不知故人，何也？"王密以为杨震佯装客气，便道："幕夜无知者。"杨震严厉地说："天知、地知、你知、我知，怎说无知？"王密羞惭难当，带着礼物狼狈而返。这就是"天知、地知、你知、我知"的由来。

慎独则心安，慎独则无疚。孟子认为"君子有三乐"，其中之一便是"仰不愧于天，俯不怍于人"（《孟子·尽心上》）。刘少奇对慎独作了更通俗的解释：一个人独立工作、无人监督时，有做各种坏事的可能，而不做坏事。

大凡真正代表人类美好人格的东西，总是能传承下来。而具备这种美好人格的人，也总是为千古所传颂，"慎独"的君子就是如此。

晚清名臣翁同龢身居高位，又任帝师，但他一生能清操自守，廉洁奉公，是位有口皆碑的清官。

翁同龢主管户部时，曾一改过去户部前任"固本银"的使用制度。"固本银"是从各省进缴的赋税中抽出来供太后用的一部分银两。他从民计出发，将这项银两撤去，老百姓拍手称快，而西太后却因为少了这笔能够肆意挥霍的银两，对翁同龢痛恨不已。

这件事过去不久，清廷向某国银行借了笔钱，主管部门的负责人私下给翁同龢进奉了一部分借款回扣，这在腐败的清王朝本已是尽人皆知的秘密，但翁同龢不为所动，当下严词拒绝接受。第二天，他将此弊端奏闻光绪帝。光绪大怒，严令密查吃这部分回扣的人的姓名，但因西太后也参与了收取回扣之事，此事终于不了了之。

戊戌变法失败后，翁同龢被罢官还乡，当时授大学士衔、慈禧重新垂帘听政后被任命为军机大臣的荣禄知道翁同龢很清贫，在翁同龢临行前特地备千两白银相赠，但翁同龢说什么也不肯要。荣禄认为他

第三章 端然正己
——荀子这样说品格

之所以不肯接受，是因为两人在戊戌变法中政见不同，一直在记恨自己，颇感悻悻。其实，他不了解翁同龢的情怀，不受金的主要原因是翁同龢非常看重操守，而决不愿意破坏自己清廉的初衷，并不仅仅是由于政见的分歧。

翁同龢被罢官回乡后，因他平时居官廉洁，宦囊不丰，所以生活比较窘迫，但他并不以为意。每日除到地方官衙去报到，以符"交地方官严加管束"的处分外，平日居家仅以作诗、写字消遣时间，并改缮自己过去的日记。后来地方官认为他年龄大了，过去地位又很高，每日来衙唱名报到使自己太尴尬，就准许他去常熟白鹤峰山中别墅居住，而不必日日前来签到。当时他家无长物，生活仅靠过去的友人、门生周济，勉强度日，有"山居甚窘"之说。在这种情况下，他仍奋力著有《瓶庐诗文稿》、《翁文恭公日记》等作品传世。

翁同龢位极人臣，且又做过帝师，犹能如此抱守清操，廉洁持正，在世风日下、官吏贪污成风的晚清时代，确实可称为"君子慎独"、"出淤泥而不染"了。

其实所谓"慎独"，就是不自欺，它表现了人们对遵守道德规范和法度要求的高度理性自觉。但是，"人生而有欲"，这是人与生俱来的天性。在"天下熙熙，皆为利来；天下攘攘，皆为利往"的当世。在缺乏有效监督和制衡的权力场上，很多人是难以控制自己，做个表里如一、人前人后都一样的正人君子的。

要做一个充满正气的"慎独"君子，首先就要学会控制自己的欲望，然后再在各个方面，时时处处严格要求自己。

一个充满正气的人，必定光明正大，胸怀坦荡，严于律己，无论是在人前还是人后，都坚守自己方正的人格。他们深通"慎独"功夫，绝不会因为无人知道、无人看见就做出一些有失原则或者不道德之事。君子贵在自律。

见贤思齐，见不贤自省

【原典】

荀子曰："见善，修然必以自存也；见不善，愀然必以自省也。"

【古句新解】

荀子说："见到好的品行，一定要省察对照自己是否具有；见到不好的品行，一定要心怀忧惧检讨自己。"

自我品评

善在身就坚定地愈加自重自爱、发扬光大，不善在身就像被玷污一样自惭形秽、深恶痛绝。对此，孔子有一个很形象的比喻说："见善如不及，见不善如探汤。"（《论语·季氏》）见善迫不及待地趋之，见不善则如赴汤蹈火避之唯恐不及。

"我欲仁，斯仁至矣"（《论语·述而》），重视道德主体的能动性，强调自省、自律，这是儒家一以贯之的思想。孔子曾说："见贤思齐，见不贤而内自省也。"意即看到贤德的人，就以他为榜样，向他看齐；看到不贤的人，就自我反省，看自己有没有像他那样不善的行为。无论见善见恶，都要反省自己，"三人行，必有我师焉。择其善者而从之，其不善者而改之"。这样才能既不徒然羡慕别人而自暴自弃，也不只对别人求全责备而不自省自责。这是一种行之有效的德行修养方法。

儒家主张人格的修养要以圣贤为楷模，"见贤思齐，见不贤而内自省"(《论语·里仁》)就成为人格修养上的必然要求。由士而贤,由贤而圣,这是传统士人提升道德、完善人格之路,所以宋代大儒周敦颐有"圣希天,贤希圣,士希贤"之说。《康熙教子庭训格言》道:"千古圣贤与我同类人,何为甘于自弃而不学?苟志于学,希贤希圣,孰能御之?"故宫博物馆养心殿的西暖阁,原名温室,后改为三希堂,是清高宗乾隆皇帝的书房。"三希堂"之取名蕴含着两层意义:一是此处收藏了晋代王羲之的《快雪帖》、王献之的《中秋帖》、王珣《伯远帖》,三件书法遗迹皆为稀世珍品;二是寓意"圣希天,贤希圣,士希贤",勉励自己勤勉努力、不懈追求。

《法华经》说:"人若知自爱,则应慎护自己。有心者应于三时之一,严以自我反省。"

儒者的自我反省没有佛或上帝的神秘色彩。它既不是为死后进天堂,也不是为赎人类与生俱来的原罪而反省,而是为现世的自我完善而进行人格解剖。因此,是一种现实的自我认识,具有鲜明的理性批判精神。

战国时的赵国大将廉颇,就是曾经犯过严重错误、之后又及时反省和改正的人。

赵惠文王十六年(公元前283年),赵惠文王得到一块名贵宝玉——"和氏璧"。这件事情被秦昭襄王知道后,他便给赵惠文王写封信,谎称秦国愿意用十五座城来换取赵国的那块宝玉。

赵惠文王看完信后,不知如何是好,正在他犹豫不决时,蔺相如自告奋勇地说:"大王,让我带着和氏璧去见秦王吧。如果秦王不肯用十五座城来交换,我一定把和氏璧完整地带回来。"

赵惠文王知道蔺相如是个又勇敢又机智的人,就同意他带着和氏璧去见秦王。蔺相如到秦国后,果然凭借自己过人的智慧识破秦王的阴谋,并略施小计,将和氏璧完整地送回赵国,这就是历史上著名的"完璧归赵"的故事。

赵惠文王二十年(公元前279年),秦昭襄王又耍个花招,请赵惠文王到秦地渑池（今河南渑池县西）去会见。当秦昭襄王和赵惠文王在渑池相会时，秦昭襄王对赵惠文王说："听说赵王弹得一手好瑟，请赵王弹个曲助兴如何？"说完立即吩咐左右把瑟拿上来。赵惠文王不好推辞，只好勉强弹一曲。

这时，秦国的史官便当场把这事记下来，并且念道："某年某月某日，秦王和赵王在渑池相会，秦王令赵王弹瑟。"

赵惠文王一听，气得脸色发紫，却又无可奈何。这时，蔺相如拿出一个缶，并逼秦昭襄王击缶。然后让赵国的史官也把这件事记下来，并说："某年某月某日，赵王和秦王在渑池相会，秦王给赵王击缶。"

这次的秦赵渑池相会，蔺相如又凭借自己的聪明才智为赵惠文王挽回尊严。

经过"完璧归赵"和"渑池相会"之后，蔺相如功绩显赫，声名大振。赵惠文王遂拜他为上相，位在群臣之首。

蔺相如得到这样的殊荣，终于使廉颇妒火中烧。因为廉颇是赵国的一员大将。早在赵武灵王时，他就南征北战，为赵国立有汗马功劳；赵惠文王即位后，他又东挡西杀，更是为赵国屡建新功，是赵国当之无愧的功臣。

蔺相如被赵惠文王拜为上相后，廉颇逢人便说："我有攻城野战之功，他蔺相如算什么？只不过是有口舌之劳。而且，他本是宦者舍人，出身卑贱。他凭什么官位居我之上？待我见到他，非得羞辱他一番不可！"

廉颇的这些话传到蔺相如的耳朵里，蔺相如就装病不去上朝，以避开廉颇。

有一天，蔺相如带着随从坐车出门，正好瞧见廉颇的车马迎面而来，蔺相如便急忙退到小巷里去躲避，让廉颇的车马先过去。这时，蔺相如的下属纷纷埋怨他不应该这样胆小怕事。蔺相如听到下属的埋怨，非但没有责怪他们，反而微笑地问下属："你们觉得廉将军和秦王比，哪个更厉害？"

"当然是秦王厉害啦!"下属们异口同声地回答。

"是呀!天下的诸侯都怕秦王。但为了保卫赵国,我连秦王都不怕,怎么可能会怕廉将军呢?"蔺相如接着说,"现在,强大的秦国之所以不敢来侵犯赵国,就是因为有我和廉将军两人在,要是我们两人不和,秦国知道后,就会趁机来侵犯赵国了。因此,我宁愿容让廉将军呀。"

不久,蔺相如的这这些话就传到廉颇的耳朵里,廉颇顿时感到十分羞愧,并开始反省自己的所作所为。为了向蔺相如诚心地悔过,廉颇于是裸着上身,背着荆条,来到蔺相如的家里请罪。并对蔺相如说:"我廉颇乃一介粗人,见识少,气量窄。这些天来,我一直冒犯您,而您却一再容忍我的罪过,实在让我无地自容!"

蔺相如连忙扶起廉颇,并对他说道:"咱俩都是赵国的大臣,将军能体谅我,我已经万分感激了,您怎么还来给我赔礼呢?"

从此,蔺相如和廉颇成为莫逆之交。

蔺相如能够顾全大局,并对廉颇宽容大度,确实令人敬佩和赞叹。但廉颇的"见贤思齐"知错而改,也足见其觉悟之高。

传统文化强调自我在道德修养中的主体性作用和主导性力量,强调道德的养成、道德的践履、道德境界和道德人格的提升,主要不是靠"外烁",而是靠"内化",他律是辅助性的,自律才是决定性的。所以,传统道德修养的基本方法还是"见贤思齐,见不贤而而自省"。

第四章 无礼不生
——荀子这样说礼仪

中国是礼仪之邦。礼同时也是荀子社会政治思想的核心。在荀子这里，礼不仅是指西周以来的典章制度、礼仪规范的总和，更是治国理政的纲领，兼有道德与法度的双重内涵。小到个人视听言行的规范，中到婚丧嫁娶等具体事务的要求，大到尊卑上下的等级秩序，离开礼则寸步难行，其结果必然是个人行为失范、具体事务失调、国家秩序失正。荀子提出"人无礼则不生，事无礼则不成，国家无礼则不宁"，概括了礼于人、于事、于国家至关重要的意义。

谦逊有礼，强于戈矛之利

【原典】

荀子曰："虽有戈矛之刺，不如恭俭之利也。"

【古句新解】

荀子说："虽然有戈矛的锐利，也不如以恭谨谦逊的态度待人的作用大。"

自我品评

谦逊，是一个优点，是一种高尚的品质，是一个人一生受用不尽的财富。能否做到谦逊是衡量一个人品质是否高尚的标准之一。以谦逊的态度待人，能获得较好的人缘。

具有谦逊品德的人恪守的是一种平衡，使周围的人在对自己的认同上达到一种心理上的平衡，让别人不感到卑下和失落。不仅如此。谦逊有时还能让人感到高贵，感到比其他人强，产生任何人都希望能获得的所谓优越感。所以，不让别人感到失落而使人产生优越感的秘诀之一，便是在他面前恰当地表现自己的谦逊。

谦逊的人不易受到别人排斥，容易被社会和群体接纳和认同。一个功成名就而又谦逊的人，身价定会倍增。

关于谦逊，荀子非常推崇春秋时楚国宰相孙叔敖。

一次，有一疆界的执掌官见到了孙叔敖，问："我听说，做官久了的人，士人嫉妒他；俸禄多了的人，百姓怨恨他；官位高的人，君主憎恨他。如今您，居官久、俸禄厚和职位尊三者都具备，却没有得罪楚国的士人和民众，这是什么原因呢？"

孙叔敖回答说："我三次做楚国的相国，思想上更加谦卑，每当俸禄增加时，施舍就更加广泛，地位越高，待人就越恭敬。因此，才未得罪楚国士人和民众。"

满招损，谦受益。荀子在《荀子·宥坐》中记载了一段孔子与子路的对话。

子路问："请问有保持'满'的状况的办法吗？"

孔子说："聪明有智慧的，就以愚拙的样子来保持；功盖天下的，就用谦让的态度来保持；勇力盖世的，就用怯懦的样子来保持；天下最富有的，就用谦逊的态度来保持，这就是谦让再谦让的办法。"

谦逊是为人处世的金科玉律。谦逊的人从不自高自大、自鸣得意，自以为是。

荀子说："傲慢轻侮，是人的灾祸；恭谨谦逊，能排除战争的危胁。"

谦逊，连战争的威胁都能排除，又何况是人与人之间的矛盾呢？

然而，对于谦逊，有一点需要指明：谦逊并不是卑躬屈膝，更不是趋炎附势。过度的谦逊不仅是在欺骗别人，也是对自己能力的诋毁。所以，谦逊必须与适时的自我肯定相结合。

有功者往往居功自傲，盛气凌人，贪权恋势，殊不知杀身之祸多由此而起。十分功绩，若夸耀吹嘘，则仅剩七分，如果凭着功劳而骄傲自大，目中无人，甚至仗势欺人，那么功绩自然又减三分。自明者不管功劳如何卓著，都懂得谦虚谨慎，面对人生荣辱得失，以平常心态视之，当抽身时须抽身。功成而身退，则可垂名万世，若争功夺名，贪爵恋财，忘乎所以，居功自傲，必将招致祸害，最终身败名裂。

清朝名将年羹尧，自幼读书，颇有才识，他康熙三十九年中进士，不久授职翰林院，但是他后来却建功沙场，以武功著称。这位显赫一时的大将军多次参与平定西北地区武装叛乱，曾经屡立战功、威震西

第四章 无礼不生
——荀子这样说礼仪

陲。1723年青海叛乱，他官拜抚远大将军，领兵征剿，只用一个冬天，就迫使叛军10万人投降，叛军首领罗卜藏丹津逃往柴达木。

因为他的卓越才干和英勇气概，年羹尧备受康熙和雍正的赏识，成为清代两朝重臣。康熙在位时，就经常对他破格提拔，到了雍正即位之后，年羹尧更是备受倚重，和隆科多并称雍正的左膀右臂，成为雍正在外省的主要心腹大臣，被晋升为一等公。年羹尧不仅在涉及西部的一切问题上大权独揽，而且还一直奉命直接参与朝政。雍正对年羹尧的宠信到了无以复加的地步。此时的年羹尧，真是志得意满，完全处于一种被恩宠的自我陶醉中。

年羹尧自恃功高，做出了许多超越本分的事情，骄横跋扈日甚一日。他在官场往来中趾高气扬、气势凌人。他赠送给属下官员物件的时候，令他们向着北边叩头谢恩，在古代，只有皇帝能这样；发给总督、将军的文书，本来是属于平级之间的公文，而他却擅称"令谕"，把同官视为下属；甚至蒙古扎萨克郡王额驸阿宝见他，也要行跪拜礼。这些都是不合于朝廷礼仪的越位举动。

对于朝廷派来的御前侍卫，理应尊敬优待，但年羹尧却把他们留在身边当做一般的奴仆使用。按照清代的制度，凡上谕到达的地方，地方官员必须行三跪九叩大礼迎诏，跪请圣安，但雍正的恩诏两次到西宁，年羹尧竟然不行礼而宣读圣谕。

有一次打仗归来，年羹尧进京觐见雍正，在赴京途中，他令都统范时捷、直隶总督李维钧等跪道迎送。到京时，黄缰紫骝，郊迎的王公以下官员跪接，年羹尧却安然坐在马上，连看都不看一眼。王公大臣下马问候，他也只是点点头而已。更有甚者，在雍正面前，他的态度竟也十分骄横，不遵循大臣应守的礼仪，让雍正非常不高兴。

年羹尧陪同雍正皇帝在京城郊外阅兵，雍正对士兵们说："大家辛苦了，可以席地而坐。"连下了三道圣谕都没有一个人动，直到年羹尧说："皇上让大家席地休息。"这时全体士兵才整齐地坐下，盔甲着地声震动山野。雍正觉得很奇怪，年羹尧解释说，将士们长期在外打仗，只知道有将军，哪知道有皇帝？这本身虽然说明年羹尧治军有方，但年羹尧本来就功高震主，飞扬跋扈，雍正当时早已产生疑惧。

年羹尧不仅凭着雍正的恩宠而擅作威福，还结党营私，培植私人势力，每有肥缺美差必定安插他的亲信。此外，他还借用兵之机，虚冒军功，使其未出籍的家奴桑成鼎、魏之耀分别当上了直隶道员和署理副将的官职。

年羹尧的所作所为引起了雍正的警觉和极度不满。年羹尧职高权重，又妄自尊大、违法乱纪、不守臣道，招来群臣的忌恨和皇帝的猜疑是不可避免的。雍正是自尊心很强的人，又很喜欢表现自己。年羹尧功高震主，居功擅权，使皇帝落个受人支配的恶名，这是雍正所不能容忍的。于是几次暗示年羹尧收敛锋芒，遵守臣道，但年羹尧似乎并没放在心上，依旧我行我素。

不久之后，风云骤变，弹劾年羹尧的奏章连篇累牍，最后被雍正帝削官夺爵，列大罪92条，赐自尽。一个曾经叱咤风云的大将军最终命赴黄泉，家破人亡，如此下场实在是令人叹惋。

"福兮祸之所伏"，世间万事万物都处在一个矛盾的统一体中，荣耀或许就是祸害的开始。无论何时都应该保持谦虚谨慎、低调行事的作风，不飞扬跋扈，不居功自傲，以一颗平常心态看待人生荣誉，才能以不变应万变。

谦虚谨慎是成功人士必备的品格，它能使一个人面对成功、荣誉时不骄傲，把它视为一种激励自己继续前进的力量，而不会陷在荣誉和成功的喜悦中不能自拔，把荣誉当成包袱背起来，沾沾自喜于一得之功，故步自封，更不会因为功绩而妄自尊大，高高在上，盛气凌人。

荀子认为与人交往应谦逊有礼，飞扬跋扈会使自己遭受损害，是无知的表现；谦逊有礼会使自己得到益处，是一种美好的品质，一种崇尚的精神境界。

富而不骄，灾祸可免

【原典】

荀子曰："富贵而体恭。"

【古句新解】

荀子说："即使荣华富贵亦应谦逊有礼。"

自我品评

人富贵了，就容易产生骄横之心，富而不骄的人，真的很少，主要是因为人不能隐藏富贵，总想着显富，而得到一种心理上的满足。殊不知，因富而骄，不可一世，恃财欺人，往往会引发怨恨，招致祸端。再者，也易引起他人的妒嫉，或是坏人的觊觎，产生劫富之心。

其实，富贵本身并没有错，错就错在富贵而不能谦恭有礼。富贵者要克制自己的骄横、贪欲，做到富而好礼、富而仁义。这样，就不会有什么过错了。

沈万三是明朝初年一个著名的大富翁，他原名沈富。

沈万三竭力向刚刚建立的明王朝表示自己的忠诚，拼命向新政权输银纳粮，讨好朱元璋，想给他留个好印象。朱元璋不知是想捉弄捉弄沈万三呢，还是真想利用这个巨富的财力，曾经下令要沈万三出钱修筑金陵的城墙。沈万三负责的是从洪武门到水西门一段，占金陵城墙总工程量的三分之一。可沈万三不仅按质按量提前完了工，而且还提出由他出钱犒劳士兵。

沈万三这样做，本来也是想讨好朱元璋，但没想到弄巧成拙。朱元璋一听，当下火了，他说："朕有雄师百万，你能犒劳得了吗?"

沈万三没听出来朱元璋的话外之音，面对如此诘难，他居然毫无难色，表示："即使如此，我依然可以犒赏每位将士银子一两。"

朱元璋听了大吃一惊。在与张士诚、陈友谅、方国珍等武装割据集团争夺天下时，朱元璋就曾经由于江南豪富支持敌对势力而吃尽苦头。现在虽已立国，但国强不如民富，这使朱元璋不能容忍。如今沈万三竟敢僭越，想替天子犒军，但他没将怒意马上表露出来，只是沉默了一会儿，冷冷地说："军队朕自会犒赏，这事儿你就不必操心了。"

朱元璋决定治治这沈万三的骄横之气。

一天，沈万三又来大献殷勤，朱元璋给了他一文钱。朱元璋说："这一文钱是朕的本钱，你给我去放债。只以1个月为期限，初二日起至三十日止，每天取一对合。"所谓"对合"是指利息与本钱相等。也就是说，朱元璋要求每天的利息为百分之百，而且是利上滚利。

沈万三虽然满身珠光宝气，但腹内空空，财力有余，智慧不足。他心想这有何难! 第二天本利2文，第三天4文，第四天才8文嘛。区区小数，何足挂齿! 于是沈万三非常高兴地接受了任务。可是，回到家里再一细算，沈万三不由得傻眼了：虽然到第十天本利总共也不过512文，可到第二十天就成了524288文，而第三十天也就是最后一天，总数竟高达536870912文，要交出5亿多文钱，沈万三只有倾家荡产了。

后来，沈万三果然倾家荡产，朱元璋下令将沈家庞大的财产全数抄没后，又下旨将沈万三全家流放到云南边地。

有钱，所以气壮；有钱，所以自以为有夸耀的资本，这是富而骄横的一种表现。沈万三意欲讨皇上欢心，自夸豪富，结果适得其反。

在瑞士，年收入超过百万瑞士法郎的人数高达18.3万，即全国人口的2.6%都是百万富翁。据世界银行公布的各国富裕程度排行榜显示，瑞士多次蝉联全球最富裕的国家。在瑞士有许多人是富翁，有些

第四章 无礼不生
——荀子这样说礼仪

人甚至身价过亿，但他们给人们留下的整体印象是，生活富而不奢。

在一次国际会议上，人们见到"世界经济论坛"创始人兼执行主席克劳斯·施瓦布。他多次被记者采访，每次见他都是穿着一套款式老旧但非常整洁的双排扣黑色西服。施瓦布聊起他的生活，自称不爱打扮，也不稀罕用名牌服饰或昂贵的高档手表来"炫富"。无论是在达沃斯年会上与数百位各国首脑聚会，还是奔波于世界各地，他穿的都是一套西服。施瓦布的办公室陈设也简单，没有宽敞的空间和贵重的办公设施，只有普通的沙发、茶几和几个书柜。平时施瓦布自己驾驶一辆客货两用车，午餐是与其他员工一样的自助餐。

在瑞士，有很多富翁都像施瓦布一样过着节俭的生活。在吃的方面，瑞士人也绝不摆阔。那里的餐馆不允许顾客浪费，甚至会对浪费者罚款；在穿戴方面，瑞士是"手表王国"，但大多数富翁手上戴的并不是"劳力士"、"欧米茄"等豪华名牌手表，而只是普通手表，有的甚至戴着普通老百姓都不愿戴的塑料电子表；在交通方面，瑞士富翁和大多普通百姓完全有条件买"宝马"、"奔驰"，然而瑞士公路上行驶的大多是"大众"、"雪铁龙"等普及型汽车；在日常用品方面，由于瑞士物价相对较高，每逢节假日，节俭的瑞士人大多会开着车到邻国买东西。

零售业巨头宜家的老板英瓦尔·坎普拉德，经常开着一辆老掉牙的"沃尔沃"汽车，日常买菜也总是选择在下午，因为下午蔬菜价格会比上午便宜得多。

瑞士富翁为何不像很多其他国家的富翁那样喜欢奢侈和招摇呢？他们说："瑞士没有资源，也很少有那种一夜暴富的人，瑞士人致富靠的只是两只手。"靠自己双手创造出来的财富，理所当然会好好珍惜，所以养成了不讲奢华的习惯。

瑞士的整体氛围也使富翁不愿拿自己的财富炫耀。在瑞士，无论是平民还是富翁，大家都会平等地对待，不会因为你的贫穷而瞧不起你，也不会仅仅因为你的财富而对你阿谀奉承。人们最看不起的就是那种炫耀财富的"暴发户"。瑞士银行家巴尔在他的自传中,对瑞士富人的心态做了最好的注解:"如果他们需要两辆车时,他们会刻意买两辆完全一样的普通车,让人认为只拥有一辆车,因为他们不希望邻居认为他们在炫耀财富。"

正因为如此,在瑞士,大家对关于别人的财富的话题不感兴趣,所以居住在瑞士的富豪一般不会受到外界的干扰。宜家老板坎普拉德对媒体说,他选择隐居瑞士,更重要的原因是,在瑞士可以尽情享受宁静低调的普通人生活。

在瑞士,没有人会只因为财富而对富翁们表示尊敬,人们尊敬的是对社会作出贡献的人。有记者采访瑞士"罗氏制药集团"时,员工都向记者提起刚去世不久的该集团第一大股东维拉-奥埃利·霍夫曼夫人。

霍夫曼夫人拥有罗氏集团一半以上的股份,资产约200亿瑞郎,但她生活十分节俭,数十年来家里没有雇过清洁工,自己动手料理家务。可这位节俭的老人在公益事业上却出手大方,为世界众多慈善机构、文化和环保组织捐了大笔善款。她靠勤劳和智慧创造财富贡献社会,赢得了人们的敬仰。

成功由勤劳节俭开始,失败因奢侈浪费所致,即使到了很富裕、很有钱的时候,这个朴素的真理也不会过时。

虚荣心和炫耀感是人在一种不平衡的状态下的心理,原来最原始的交通工具,最有利于我们的身体,奢华并不利于我们的生活和健康。即使在我们真的非常富裕的时候,最应该珍惜的也应该是健康普通的生活。因此,我们必须明白:富不能显,富不能夸,为富要自持,为富有谦恭,这才是长久保持富贵的真理。

人子当敬爱父母

【原典】

荀子曰:"能以事亲谓之孝。"

【古句新解】

荀子说:"能以礼仪侍奉双亲称作孝。"

自我品评

古语有云:"百善孝为先。"孝,就是孝顺、孝敬父母。《说文》中说:"孝,善事父母者。"简单地说,就是子女尊敬、赡养父母,尽子女应尽的义务。鸦雀反哺,羔羊跪乳,禽兽都知道孝敬父母,报答父母如海深、似山重的恩情,何况是作为万物之灵的人呢?尽孝道是做子女的天职,孝是人的一种天性。人们都说父母的爱是一种天性,父母的爱是无私的,在我们享受这份爱的滋润之时,可曾想过要回报呢?

"丝丝白发儿女债,历历深纹岁月痕。"父母是生养、教育我们的人,他们看着我们从襁褓里到慢慢地会走路,从小学到中学,他们看着我们一天一天地成长,父母不知道要经历多少艰辛,花费多少心血,在喜悦、忧虑、烦恼中看着我们一天天长大。而他们从悄然落下的丝丝白发中感到满足,渐渐老去的父母,他们的生命在孩子身上得到延续。父母子女之间的这一笔账是无从算起的。父母的养育之恩,子女想报也报不完。正因为父母之爱万分珍贵,父母之恩难以报答。

俗话说，天大地大不如父母的恩情大，子女有什么理由不尊重、关爱、孝敬自己的父母呢？但是这个世界上，也有人对老人不孝，特别是有些还在成长中的青少年，不但不孝，而且还谩骂老人，甚至拳脚相加，这样的人，真是连畜生都不如。在他们眼里，完全没有亲情可言，有的只是利益和金钱。

相信很多人都听过这样一个故事：

在一座山里住着母子俩，儿子每天上山以打柴为生，母亲则在家做饭，他们过着幸福而安宁的生活。然而，有一天这种生活被打破了。

这天，儿子像往常一样上山打柴途径一条小河。突然看到一位美若天仙的姑娘在河边洗衣服，那动作，那神情深深地把他迷住了！好美！他暗想要是她能做我的妻子该多好啊！可惜我穷小子一个！第一天也就是想想罢了。但在接下来的几天里小伙子每天都能看见那位洗衣西施，终于有一天小伙子按捺不住心中那份爱，壮起胆子走向那位姑娘，他红着脸对她说："姑娘你太美了！你能做我的妻子吗？虽然我穷，但不管你要什么我都尽力满足你！"那姑娘先是一愣后说："我什么也不要，只要你母亲的心。因为我父亲病了神医说需要一颗老妇人的心才能医好，天啊，太不可思议了，世上居然有如此之事，拿到你母亲的心后，再来找我。"姑娘说完便消失了，留下那小伙子傻傻地呆在那里。他也不知道是怎样回到家的，母亲还像往常一样，把热好的饭菜端给他吃，要在平时，他会狼吞虎咽起来，可今天，他却没胃口。当夜幕降临，母亲躺下准备睡觉时，他举起砍刀迈着沉重的步子，逼近了母亲，就在他准备砍下去时，他想到了，她是生我养我的亲生母亲啊，我不但不报恩，还想杀她，我简直连畜生都不如，于是他丢掉砍刀，跑了出去。第二天，天亮了，可他的心却没亮，他想我到底要母亲还是要妻子？对，母亲再好也不能陪伴我一辈子，而伴我一生的只有妻子啊！所以当夜幕再次降临时，他又举起了砍刀走向母亲，这次他没多想，砍刀直下，随着一声还未清醒过来的惨叫"啊！"血溅得四处都是，他趁机掏出了母亲的心，走出家门。这时，也许天公发怒，

第四章 无礼不生
——荀子这样说礼仪

下起了倾盆大雨，因为路滑，他一下子跌倒在地，那颗心，也摔出好远好远，当他爬起来捡起那颗心捧在手里时，热呼呼的，仿佛还一动一动的，好像在说："孩子你摔疼了吗？"

这虽然是一个传说，但是，我们却能强烈地感受到母亲对我们的爱！

在中国历史中，流传了许多关于孝子的感人故事，但是不难发现，史书的记载中很少有爱护子女的楷模，这是为什么呢？事实就是如此，因为父母的爱总是默默无闻的，他们的爱不张扬，他们的爱融入到平时生活中的点点滴滴里，这是他们的一种天性。而孝敬父母却不是一件平常的事情，它要求我们克服私心，学会知恩图报，是一种人性。舐犊之情和反哺之情，这是动物都有的天性，如果为人儿女却不懂孝道，那就连低等动物都不如了。人比动物高级，不只是因为人可以倚仗自己的智力支配这个世界，还应该是因为人有比动物更复杂、更高级又更纯洁、更纯粹的情感。人类只有具备了这种"人性"，才能算得上真正意义上的人！

听说，在香港曾搞过一次问卷测试："你最喜欢哪一首唐诗？"结果，不是李白、杜甫的诗，而是孟郊的《游子吟》。这首吟诵母爱、脍炙人口的名篇，千古传诵，诗短情长。

《游子吟》诵道："慈母手中线，游子身上衣。临行密密缝，意恐迟迟归。谁言寸草心，报得三春晖？"

在这首诗中，慈母的爱子之情、儿女的孝敬之心，表达得朴素自然，亲切感人。"寸草"比喻儿女，"春晖"象征母爱。对春天阳光般的、厚博的母爱，区区小草怎能报答于万一呢？

一位在工作上十分敬业的教师，阐述她的孝道观："我一直认为，真正的孝顺，是儿女要把父母放在心里。不让父母生气，不让父母操心，把父母可能面临的问题提前安排好，并在他们需要的时候，在他们的身边，满足他们的需求。"这段话质朴而又精辟。她强调了儿女尽孝的三个要素：一是"精神赡养"，二是"关爱提前"，三是"需求到位"。

感念父母恩，回报三春晖，作为儿女应懂得：行孝，不仅是"付出"，更重要的是"获得"。在尽孝心、行孝道的过程中，你懂得了感恩，懂得了责任，懂得了主动关心别人，懂得了做人的道理。子曰："夫孝，德之本也，教之所由生也。"告诉我们：孝道是道德的根本，孝道是一切教育的源头。儿女行孝就是人生最基础的自我教育。这种自我教育，使人以孝修身、以孝齐家、以孝治国，从而达到自我完善，为社会作出有益的贡献。

著名作家毕淑敏曾经在《孝的天平》一文中这样说："孝"是稍纵即逝的眷恋，"孝"是无法重复的幸福，"孝"是一失足成千古恨的往事，"孝"是生命与生命交接处的链条，一旦断裂，永无连接。赶快为你的父母尽一份孝心，也许是一处豪宅，也许是一片砖瓦；也许是大洋彼岸的一只鸿雁，也许是近在咫尺的一个口信；也许是一顶纯黑的博士帽，也许是作业簿上的一个红五分；也许是一桌山珍海味，也许是一只野果一朵小花；也许是花团锦簇的盛世华衣，也许是一双洁净的旧鞋；也许是数以万计的金钱，也许只是含着体温的一枚硬币……在"孝"的天平上，它们等值。只是，天下的儿女们，一定要抓紧啊！趁你父母健在的光阴。

的确，我们的爱是河流，父母的爱是海洋。无论我们多孝顺，都不及父母对我们的爱的百分之一。孝敬父母不仅是一种礼仪，更是我们做人的准则与本分，一个人如果连父母都不爱，那还指望他去爱谁呢？

良言入耳三冬暖

【原典】

荀子曰:"与善人言,暖于布帛;伤人之言,深于矛戟。"

【古句新解】

荀子说:"用好言善语称颂人,比送人寒衣还温暖;用恶语秽言伤害人,比矛戟刺得更深更痛。"

自我品评

古人云:"良言入耳三冬暖,恶语伤人六月寒。"善言良语令人如沐春风,恶语相向令人寒彻入骨。特别是当人有了过失或是处于困境的时候,一句善意的话,会使人倍感温暖,而一句讽刺、挖苦、打击的话,则是对人自尊心、自信心的极大伤害。

从前,有一个脾气很坏的男孩。他的爸爸给了他一袋钉子,告诉他,每次发脾气或者跟人吵架的时候,就在院子的篱笆上钉一根。第一天,男孩钉了37根钉子。后来的日子里他学会了控制自己的脾气,每天钉的钉子也逐渐减少了。他发现,控制自己的脾气,实际上比钉钉子要容易得多。终于有一天,他一根钉子都没有钉,他高兴地把这件事告诉了爸爸。

爸爸说:"从今以后,如果你一天都没有发脾气,就可以在这天拔掉一根钉子。"日子一天一天过去,最后,钉子全被拔光了。爸爸带他来到篱笆边上,对他说:"儿子,你做得很好,可是看看篱笆上的钉子洞，这些洞永远也不可能恢复了。就像你和一个人吵架，说了些难听的话，你就在他心里留下了一个伤口，像这个钉子洞一样。插一把刀子在一个人的身体里，再拔出来，伤口就难以愈合了。无论你怎么道歉，伤口总是在那儿。要知道，身体上的伤口和心灵上的伤口一样都难以恢复。你的朋友是你宝贵的财富，他们让你开怀，让你更勇敢。他们总是随时倾听你的忧伤，你需要他们的时候，他们会支持你。告诉你的朋友你多么爱他们，告诉所有你认为是朋友的人，你的行动可以从邮寄这个小小的故事开始。有一天，当这封信回到你的信箱里时，你会发现你有一个很大的朋友圈。最后，我要说：'友谊的幸福之一，是知道了可以向谁倾吐秘密。'如果你收到了这封信，是因为有人在默默地祝福你，因为你也爱你身边的一些人。如果你总说太忙，不能将这封信转寄出去，老是说，'改天再寄'，你将永远都不会去做这件事的。所以，不要找借口，静心地看看这个古老的故事，然后决定为你的朋友们做一些事，从传寄这封信开始。当你说：'你是我的好朋友'时，请认真地说出来。当你道歉时请看着对方的眼睛。"

不得不说这位父亲为了教育儿子，真是费了不少心思。这是一位教子有方的父亲。他不是言传，也不是身教，而是让儿子自己去反省。当儿子认清一句不经意的伤害话竟然会有那么大的影响时，将会使他终身受益。

唐代有一个检校刑部郎中，名叫程皓，为人谨慎，人情练达，从不谈论人之短长，每当同事之中有人非议别人，他都缄默不语。直到那人议论完后，他才慢慢地替被伤害的人辩解："这都是众人妄传，其实不然。"甚至，还列举出这个人的某些长处。有时，他自己在大庭广众中被人辱骂，连在座的人都惊愕不已。程皓却不动声色，起身避开，说："彼人醉矣，何可与言尔？"

事实上人与人之间的关系大半都是如此复杂，你若不知真相，就不要信口开河。现实生活中有一种人，专好推波助澜，把别人的是非编得有声有色，夸大其词地逢人就说。不知道世间有多少悲剧由此而

第四章 无礼不生
——荀子这样说礼仪

生。虽然你不是这种人，而一旦谈论别人的短处时，也许你在无意之中就种下祸患的幼苗，而它要滋长到怎样的位置，并不是你所能想象的那样。

想要有一副好的口才，最好是自己定下一条戒律：除了颂扬别人的美德，永远不要用议论别人的短处来玷污你的口、玷污你的人格，否则的话你将永远找不到一个愿意和你交往的朋友。

当别人向你说某人的短处时，你唯一的办法是听了就忘掉，像保守你自己的秘密一样，谨缄其口，不可做传声筒，并且不要深信这些片面之词，更不必记在心上。

和议论别人的短处一样，不可就表面的观察便在背后批评人家，除非是确当的批评。说一个坏人的好处，旁人听了最多认为你是无知。把一个好人说坏了，人们就会觉得你存心不良了。

人们好说女人最爱谈论别人是非，其实男人当中也不乏这种人。如果你茶余饭后在找谈资时，天上的星星，地上的花草，无一不是谈话的好题目，并非一定要说东家长、西家短，才能消遣时间。

殊不知，议论别人的短处，说不定就是自己的短处。

孔子曰："非礼勿视，非礼勿听，非礼勿言，非礼勿动。"意思说，不符合礼仪的话不能说，不符合礼仪的东西不能看，不符合礼仪的事不能做。是的，让我们"静坐常思己过，闲谈莫论人非"。切记荀子的话：用好言善语称颂人，比送人寒衣还温暖；用恶语秽言伤害人，比矛戟刺得更深更痛。

贵有师法，身正为范

【原典】

荀子曰："礼者，所以正身也；师者，所以正礼也。"

【古句新解】

荀子说："礼，是用来纠正自身不当之处的；老师，是用来纠正失礼之处的。"

自我品评

"贵有师法，身正为范。"看来，老师的作用是不可或缺的。但是，从另一方面来说，老师又是任重而道远的。

荀子讲学习，还有一点特别引人注意，就是他特别重视"师法"。所谓"师"就是老师、师长，所谓"法"就是礼所要求的那些规矩、路数、程式。学问重视"师法"，就是说你一定要拜那些已经有学问、有德行的人为老师，跟着他们遵循着礼，规规矩矩按照一定的路数来学。否则，就算独自摸索出点儿什么，也可能是"野狐禅"，说不定还会走火入魔，误入邪门。好比今天有人要学驾驶，既没有去正规驾校跟着师傅一招一式地学，也不看驾驶指南之类的书，就这么无师自通瞎摆弄，把车开起来了，那操作就难免有不规范之处，说不定还有安全隐患。

在这个问题上，荀子跟孟子是很不一样的。孟子讲学习，强调的是"返身而诚"、"欲其自得"，重视内向的自我反思，培养内在的

第四章 无礼不生
——荀子这样说礼仪

浩然之气；而荀子则重视向外的学习，"学莫便乎近其人"，强调要找到合适的人做老师，并且强调要老老实实读书，诵经读礼。这跟他们在人性论问题上所持的不同立场是相呼应的。在荀子看来，既然"性不足以独立而治"，那就必须依靠外在的"师法"来矫治；既然人性中并没有什么"善"的萌芽，光靠个人独自反省，是反省不出什么名堂来的。

在"师"的问题上，荀子跟孔子也有区别。孔子说："三人行，必有我师焉。"子贡说："夫子焉不学？亦何常师之有？"对孔子来说，好像无论任何人，只要有些长处，就都可以向他学习，以他为师。而荀子所谓的"师"却要严格得多。这也许跟两人所处时代的学术环境有关。孔子的时候，儒学初创，还没有什么学术上的对立面；而到了荀子的时候，诸子学派林立，儒家内部也是"儒分为八"，有不同的派别，荀子就曾批评其他儒家派别是"俗儒"、"陋儒"、"散儒"。为坚守他自己所理解到的儒家思想的纯正性，他要求学生遵守"师法"，也是可以理解的。但这不等于说为学只能死守一家之法，拒绝借鉴其他学派的成果。其实荀子本人就不是这样，荀子虽然自称是以仲尼、子贡为"法"的，但他的学说其实也广泛借鉴吸收了其他各家学派的思想成果。

《荀子·礼论》篇说：天地是"性之本"，祖宗是"类之本"，而"师"和"君"并列，是"治之本"。后世人们将"天、地、君、亲、师"并提，盖源于此。"师"的地位之所以如此重要，倒不在于他有一肚子知识，博闻强记，随时可以回答学生的问题。荀子说："师术有四，而博习不与焉。"《礼记·学记》也说："记问之学，不足以为人师。"可见光是有一肚子知识还不足以使一个人成为儒家所谓的"师"。

那么怎样才配做一个"师"呢？荀子在《致士》篇提出四条标准："尊严而惮"，"耆艾而信"，"诵说而不陵不犯"，"知微而论"。这就是说，要庄重有威严，要年长有信誉，讲学要有条理不乱来，见解深辟要表述清楚。在《修身》篇荀子还说:"礼者,所以正身也;师者,所以正礼也……夫师,以身为正仪,而贵自安者也。"这就是说,"师"不仅是确立规范的人,而且必须是以身作则的人。

可见,荀子特别强调的是"师"作为道德人格典范的意义,他的一言一行,一举手一投足,都要合乎法度,具有示范意义。这种礼的规范和法度,不仅是教学的一项内容,而且应当贯穿在教学的过程中,这就是"师法"的"法"。教与学、问与答,都必须遵守一定的规范和程式。比如学术讨论要平心静气,不可有"争气"。又比如不可问而不答,也不可不问而答,等等。

尽管荀子所说的"师法"的具体细节具有特定的历史背景,有的不一定适合于今天,但任何时候,一定的学术规范和职业操守都是必要的。因为规范与程式本身也是一种价值,值得我们传承与坚守。如果我们今天的大学老师在传授知识、从事学术研究的过程中,也重视学术规范和职业操守的教育,并且以身作则、身体力行,为学生做出表率,一些学术造假丑闻也许就不会发生。教师人格魅力的力量是巨大的,对学生有强烈的感召力和凝聚力,可以给学生以震撼心灵的影响和冲击。正如乌申斯基所说:"教师的人格对学生的影响是任何教科书、任何道德箴言、任何惩罚和奖励制度都不能代替的一种教育力量。"教师的一言一行无时无刻不在影响着学生的成长、成人、成才。

著名特级教师魏书生在实验中学当校长时,一次开学典礼上,座位不够,他便要求领导和教师站着。他讲话时,问学生在校学习的几年,得到的最宝贵的东西是什么,有答知识的,有答能力的。而魏书生说:"最宝贵的就是尊重人、理解人、关怀人、帮助人、信任人、原谅人的品质。人心与人心之间,就像高山与高山之间一样,你对着对方心灵的大山呼唤'我尊重你',那么对方心灵的高山的回答便是'我尊重你'……"讲话结束后看电影,电影开映不久,那些站在过道的领导和老师都被学生拉到自己的座位上,让座的同学再找身材小的同学挤着坐,问题就这样迎刃而解了。可见长期的教育熏陶,犹如春

第四章 无礼不生
——荀子这样说礼仪

风化雨，润物无声，能够不教而教，使学生能够自觉进行自我教育、自我反省，促使学生把道德规范、行为准则内化为一种自觉地行动、一种行为习惯，促进学生健康、自由、生动活泼地发展。

教师不仅是知识的传授者，还是思想教育者和道德示范者。我国汉代哲学家扬雄说："师者，人之模范也。"孔子曰："其身正，不令而行；其身不正，虽令不从。"教师不仅要有这种做人的威望、人格的力量，令学生敬佩，还要以最佳的思想境界、精神状态和行为表现，积极地影响和教育学生，使他们健康成长。正如奥地利教育哲学家马丁·布贝尔所说："教师只能以他的整个人，以他的全部自发性才足以对学生的整个人生起真实的影响。"教师应把言传和身教完美地结合起来，以身作则，行为示范；热爱学生，关心学生，建立平等的师生关系；仪表端庄、举止文雅，以自己的言行和人格魅力来影响学生。

中国现代漫画大师、教育家丰子恺先生曾经说过："圆满的人格就像一只鼎，真、善、美好比鼎的三足。"为人师表作为一种教师职业德性的基本内涵，蕴涵着丰富而深刻的道德内容，最突出的就是体现了教师对真善美理想人格的追求。因此说，教师只有具备了好的人格修养，才能正礼。

和睦协调，团结才能强大

【原典】

荀子曰："力不若牛，走不若马，而牛马为用，何也？曰：人能群，彼不能群也。"

【古句新解】

荀子说："人的力气不如牛大，奔跑不如马快，但牛、马却被人所役使，为什么呢？原因在于：人能结成社会群体，而它们不能。"

自我品评

从本质上来说，人是社会的动物，人的社会属性是人区别于其他动物的特殊本质，是人类特有的属性，荀子"群"的概念就是对人的社会属性的肯定。荀子认为，人之所以优越、高贵于动物，就在于"人能群"，就在于人的社会属性。

所谓"群"也就是一群人在一起组成社会共同生活，荀子认为人是以一种"群"的方式生存的有社会组织的动物，这正是人跟牛马等动物不同的地方。正因为人能够"群"，能够组织在一起进行分工合作，才有力量，才能使牛马为人所用。所以荀子说："力不若牛，走不若马，而牛马为用，何也？曰：人能群，彼不能群也。"西方所谓"社会学"最初引入中国时，严复就把它翻译为"群学"，就是借用了荀子"群"的概念。在西方，亚里士多德也曾指出，人是一种"社会动物"。马克思也曾说："人是最名副其实的社会动物。"

第四章 无礼不生
——荀子这样说礼仪

但荀子进而指出，人的"群"不可能只是一种杂乱无序的混合体，就像有些动物也是群居的一样。人群的内部必须有组织、有秩序、有分辨，荀子把这些叫做"分"。他说人生不能无"群"，而"群"里面要是没有"分"就会出现争斗和混乱。"分"这个字在古汉语里，既有区分、分别、分辨的意思，也可以读第四声，如同现代汉语里的"份"，表示名份、职份等。按照今天的语法，前者是动词，后者是名词。但是这两个意思本身是紧密相关的：先要有这个"分"的动作，然后才能明确这是你的一份，那是我的一份，也就是确定各自的名分和职份。

结成"群"，结成社会，这首先是人类生存的需要。在远古艰苦的自然环境下，人必须群居、互助，合力与自然力进行斗争，才能抵挡豺狼之凶、蛇蝎之毒、熊罴之猛，取得维持生存的生活资料。在人类活动的不断发展中，合作与互助、权威与服从等社会性逐渐增加。对此，严复直截了当地说："能群者存，不群者灭；善群者存，不善群者灭。"梁启超精到地分析道："人所以不能不群者，以一身之所需求所欲望，非独立所能给也。以一身之所苦痛所急难非独立所能捍也。于是乎必相引相倚，然后可以自存。若是者谓之公共观念。真有公共观念者，常不惜牺牲其私益之一部分，以拥护公益。"

"群"的意识对于中华民族的群体精神、集体主义观念有催生作用，民族的凝聚、国家的统一，中华文明虽历尽外来民族和外来文化的冲击而绵延不绝，群体精神起了不可忽视的作用。近代有识之士面对中国积贫积弱的现实，积极发掘荀子"群"的思想资源，大力倡导"群"的观念，认为"西人凡事得力在一群字。我则家自为谋，人自为利，亿万人不啻亿万心也，安得不贫不弱？"梁启超指出："中国之积弱日益甚，而外国之逼迫日益急，非合群力，不能自保，不可不扩充其力量也……至于可侮不可侮之分，则全视乎能群与不能群。"他们激励、呼吁国人团结一心、众志成城为社会、为国家效力："合群明分，则足以御他族之侮。涣志离德，则帅天下而路。"（章炳麟《訄书·菌说》）"人者群物也。以群生，以群治，以群强，以群昌。"由此，"群"与"群说"成为当时积极提倡以期挽救局势的重要思想。

那么，以上所说的这个"群"字，正是我们今天所说的团队意识。

团队精神不是集体主义，不是泯灭个性、扼杀独立思考。一个好的团队，应该鼓励和正确引导员工个人能力的最大发挥。团队成员个人能力的最大发挥，其实是个人英雄主义的最好体现。个人英雄主义在工作中往往表现为个性的彰显，更包含有创造性的工作，以及勇于面对压力和敢于承担责任的勇气。团队若能给团队成员提供一个充分施展、表现自己才能的机会，那么，这将会为团队带来永不枯竭的创新源泉！诚然，团队精神的核心在于协同合作，强调团队合力，注重整体优势，远离个人英雄主义，但追求趋同的结果必然导致团队成员的个性创造和个性发挥被扭曲和湮没，而没有个性，就意味着没有创造，这样的团队只有简单复制功能，而不具备持续创新能力。

团队意识有什么作用和功能呢？

1. 团队意识表现为企业这个整体的一种集体力，即 1+1>2 的结合力，或叫"系统效应"。集体活动可以增强团队意识。

2. 团队意识表现为企业全体成员的向心力、凝聚力，"心往一处想，劲往一处使"，真正把自己看成是企业的一部分。

3. 归属感。以自己作为企业的一员而自豪，并以此为自己全部生活、价值的依托和归宿。

4. 安全感。每个员工都深深体味到这个企业是我获得基本生活保障和立命安身之所时，这种团队意识便成为一种安全感意识。

看来，团队意识正是循礼，如果没有了团队意识，一个企业或是一个公司将是一盘散沙。

俗话说：众人拾柴火焰高，一根竹篙难渡汪洋大海，众人划桨才能开大船，这就是凝聚力的魅力。因此，一定要有群体意识。21世纪没有完美的个人，却有完美的团队。在团队里，一定要和睦协调，团结才能强大。

第四章 无礼不生
——荀子这样说礼仪

夫妻遁礼，百年好合

【原典】

荀子曰："男女之合，夫妇之分，婚姻娉内送逆无礼，如是，则人有失合之忧，而有争色之祸矣。"

【古句新解】

荀子说："男女结百年之好，要按规矩行事，如果不顾及礼仪，那就无合和之好而有争色之患了。"

自我品评

　　幸福的婚姻是用心经营的。拥有幸福的婚姻是一件很美满的事情，因为你找到了一个一生的伴侣，这表明你的一生将不会孤独。但是我们应该如何经营婚姻呢？俗话说"百年修得同船渡，千年修得共枕眠"，其实每个人都想珍惜婚姻，每个人走向婚姻殿堂的时候，想的都是幸福美满地度过一生。但是现实的生活，却是我们难以预料的，有很多夫妻在半路就分道扬镳了。其实他们不是不爱对方，而是不懂夫妻应该怎么相处、怎么经营，最终才走到了那个令人不悦的结局。

　　《圣经》中说：上帝见亚当在吃喝不愁的伊甸园里，闷闷不乐。上帝就明白了他的心思。于是就从亚当身上抽了一根肋骨，造成了夏娃。亚当说："这是我的肉中肉，骨中骨。可以称她为'女人'，因为她是从男人身上取的。"人从而就离开父母，与妻子结合，二人合为一体。这是多么美丽的神话！女人是男人的肉中肉，骨中骨，二人合为

113

一体。丈夫若对妻子不好，就是对自己不好；妻子对丈夫不好，更是对自己不好。因此说，夫妻应当互相敬爱。

"相敬如宾"这个成语，出自《左传》，专用于夫妻关系。说的正是春秋时期，晋国大臣郤芮因罪被杀，儿子郤缺也被废为平民，务农为生。郤缺不因生活环境和个人际遇的巨大变化而怨天尤人，而是一面勤恳耕作以谋生，一面以古今圣贤为师刻苦修身，德行与日俱增，不仅妻子甚为仰慕，就连初次结识的人也无不赞叹。

一次郤缺在田间除草，午饭时间妻子将饭送到地头，十分恭敬地跪献在丈夫面前，郤缺连忙接住，频致谢意。夫妻俩相互尊重，饭虽粗陋，倒也吃得有滋有味。此情此景，感动了路过此地的晋国大夫臼季，一番攀谈，认为郤缺是治国之才，极力举荐他为下军大夫，后来郤缺立大功，升为卿大夫。

这正是夫妻遵循礼仪所带来的好处。这里并不是带有功利性的，而是说夫妻本就应该这样的，家和万事兴。

"西阁画眉张京兆，东床袒腹王右军。"这一句话大家也都不陌生。

汉宣帝的年代，有个人叫张敞，关于他的才华、著述、政绩，人们知之甚少，广为流传的却是"画眉"之事。他每日清晨都为妻子画眉，皇上知道了，认为他失礼，要拿他是问。他说，夫妇房中之事，更有甚于画眉耳！皇上无言以对，也便罢了。张敞夫妇成了"相敬如宾"的楷模。张敞之后又出了多少楷模，是很难统计的。时至今日，"相敬如宾"仍然是国人信奉的夫妻关系的最佳境界。

古人尚且懂得恩爱如此，生活在现代的我们应该如何经营婚姻呢？

首先，夫妻之间最重要的是信任，不要无端地猜疑对方，那是在自掘婚姻的坟墓。如果你真的那么不信任他，那为什么还要跟他结婚呢？所以你是信任他的，只是有时你的安全感在作祟。但当你了解到这种心态的时候，你要及时调整自己，而不是给对方添加不必要的麻烦。因为，你要明白，安全感是只有你自己才能够给予的，而不是他

第四章 无礼不生
——荀子这样说礼仪

能够给予的。夫妻之间有些事是要共同解决的，但即使是夫妻，每个人每天都有自己要做的事，所以切忌让对方太疲劳，让夫妻之间的新鲜感很快被不必要的劳累所替代。

其次，不要以自我为中心，别以为他爱你就是你的资本，要时刻记得，你一定要珍惜你所拥有和得到的。有些妻子，总是爱挑剔丈夫的毛病，从挤牙膏的小事到交友、工作、事业等，对这些样样都不满意，总是觉得离自己想要的还差那么一点。即使丈夫因为疼爱她，而不辞辛苦地做到了，她还是在说"如果再好点就更好了"。你是否了解到此时他的心里是什么感受呢？要明白人的能力是有限的，你不可能得到一切，如果你不懂得珍惜你现在所拥有的，那么你将会失去更多。

第三，不要试图改变对方。其实你明白世界上没有十全十美的人，但是却还是会犯糊涂。总是在抱怨自己的丈夫为什么就不能再温柔点，为什么就不会像别人的丈夫一样会赚钱，为什么就喜欢在外交友而不是在家里多陪陪自己。但当他真的在家天天陪你的时候，你却又说"你就不能对我说个'不'吗？""你一天天的连个应酬都没有，还算个男人吗？""你连个能够帮忙的朋友都没有，真没用。"在这时，你是否想过，你真正想要的是什么？他身上的那些缺点，是你真的无法忍受的吗？还是错的那个人是你自己呢？

第四，要给对方最好的。真诚固然是最可贵的，但是有时它却不一定可爱。当你在他的面前把自己所有的缺点都毫无保留地暴露出来的时候，你是否想到他是不是能够承受。爱你，但并不代表他能够满足你所需要的一切。也许他能够做的就只有尽自己最大的努力去做好，这时你就应该满足了。要求太多，可能到最后只会一无所有。自己能够解决的问题，自己去完成，不要以为给了你誓言就一定会做到，人的能力毕竟是有限的。珍惜对方给予你的所有的美好，懂得把自己最好的给予对方，要学会用心相待。

第五，要给对方面子，不论是在他的朋友或家人的面前。要知道，你对他身边的人好就是在对他好。不要总对他身边的人挑剔，这样有时会让对方很为难，要知道虽然你是他心中最重要的人，但是别人在他的心中也是存在着分量的，学会与他们相处就是在为对方减少麻烦。

珍惜是婚姻中最宝贵的，也是最重要的，只有懂得珍惜的人，才会在婚姻中享受到它的幸福。我们要学会珍惜，这样在我们的婚姻中才不会产生任何遗憾。

爱情是一个千年不老的话题。夫妻循礼，才能百年好合。

第四章 无礼不生
——荀子这样说礼仪

独断专行得不到人尊敬

【原典】

荀子曰:"尊贤者王,贵贤者霸,敬贤者存,慢贤者亡,古今一也。"

【古句新解】

荀子说:"尊崇贤人的,可以称王于天下;尊重贤人的,可以称霸于天下;尊敬贤人的,国家可以保存;轻慢贤人的,国家必然灭亡,这是古今不易的规律。"

自我品评

当政者的胸怀宽狭和重贤与否,往往是导致大业成败的重要原因,荀子"尊贤者王,贵贤者霸,敬贤者存,慢贤者亡"可以说是治国安邦的至理名言。

为人处世高高在上,俯视众人,会失去朋友,受到大家的唾弃,进而远离你,众叛亲离;平易近人,不刚愎自用,才能得人心,得人心才能干大事。在人际交往中,人们更容易喜欢那些和善、平易的人,架子太大,傲慢自恃,必定会败得很凄惨。而为人位尊而不自矜,权重而不自傲,名显不炫,功高不居,才会赢得众人的拥护,人心归向。

袁术字公路,是司空袁逢的儿子,官至折冲校尉、虎贲中郎将。董卓进京,他逃到南阳;部将长沙太守孙坚杀掉南阳太守张咨,他便占据了南阳。

公元195年冬，献帝东出潼关，其护卫队伍被李傕、郭汜打败，袁术以为时机已到，便召集手下人商议，表示要做皇帝。他对手下众人说："现在刘氏天下很虚弱，海内鼎沸。我家世代做高官，得到老百姓的归附。我想应天顺民，称皇帝，不知诸君意下如何？"大家都不愿表态，只有主簿阎象认为时机不成熟。他说："过去周文王三分天下有其二，尚且服事殷朝，将军势力虽然不小，显然不如周文王那样强盛，汉室虽然衰弱，还未像殷纣王那样残暴，就更不应该取而代之了。"袁术听了，尽管心中不高兴，但见手下人这么不热心，只好暂时作罢。

后来，袁术想取得一些人的支持，对前来投归的张承说："以我土地之广，士民之众，仿效汉高祖当皇帝不行吗？"张承说："这在于德，不在于强，如果有德，虽然开始实力不大，也可以兴霸王之功，如果凭借实力就称帝，不合时宜，就要失掉群众，想兴盛是不可能的。"

袁术心里很不高兴，心想，老部下江东孙策总该支持自己吧。不料孙策给他写信说："董卓贪婪淫逸，骄奢横暴，擅自废立，天下的人都痛恨他，你怎能步他的后尘呢？"还说，"你家五代都是朝廷名臣，辅佐汉室，荣誉恩宠，没有人能与之相比，理应效忠守节，报答王室，这是天下人所期望的。"袁术看罢，大失所望，还气得生了一场病。

由于追求皇帝般骄奢淫逸的生活，袁术把富庶的淮南地区糟蹋得残破不堪。士兵不为他卖命，老百姓也不支持他，都纷纷逃走。左右部下也是离心离德，形成混乱状态。对此，曹操问袁术那边投过来的何夔说："听说袁术军中发生变乱，实有其事吗？"何夔回答说："袁术无信人顺天之实，而望天人之助，这是不可能得志于天下的。失道之主，亲戚都背叛他，何况是左右部下！依我看，这变乱是事实。"曹操说："为国失贤则亡，像你这样的有用之材，袁术都不善用，发生变乱，不是很正常的吗！"

第四章 无礼不生
——荀子这样说礼仪

第二年夏天,袁术实在混不下去了,便放火将宫室烧掉,带着一帮吃闲饭的人到徽山去投靠他的部下陈简、雷薄,不料遭到了拒绝。袁术手下的人散去的就更多了,他像一只丧家之犬,忧懑不知如何是好。最后,他想了一个办法,准备把"传国玺"让给在河北的袁绍,这样仍然可以由袁家来当皇帝,自己也有个安身之处。

曹操得知这一消息后,马上派刘备和朱灵去截击袁术。袁术一到下邳,没想到被拦住了去路。

袁术只得掉头返回淮南。逃到离寿春80里的江亭时,终于一病不起。身边已无粮食可吃,询问厨子,回说只剩有麦屑30斛。将麦屑做好端来,袁术却怎么也咽不下去。其时正当六月,烈日当空,天气酷热,袁术想喝一口蜜浆,却怎么也找不到。袁术坐在床上,独自叹息了许久,突然一声惊呼:"我袁术怎么落到了这个地步啊!"

喊完倒伏床下,吐血一斗多之后死去。

袁术目中无人,刚愎自用,不听忠言,最终只落得个悲郁死去的下场。孔子也说"下交不渎",与比自己地位低的人相交往,不要高傲怠慢,放不下架子,居高临下地发号施令,盛气凌人,人们必定会对他避而远之,朋友们也会越来越远离他。对别人态度傲慢的人,往往会看不到别人的长处,更看不见自己的短处,若这样夜郎自大下去,只会连一个朋友也交不到,如此下去连必要的合作共事都会有问题。千万不要以不恰当的态度对待朋友和身边的人,因为他们是你重要的伙伴和力量,如果连他们也失去了,那就真的什么也没有了。

另一个例子是马谡。此人自命不凡,十分狂傲。

司马懿的大队人马向街亭进军,马谡自告奋勇请求领兵镇守街亭。诸葛亮对他说:"街亭虽小,干系甚重。倘街亭有失,吾大军皆休矣。汝虽通谋略,此地既无城郭,又无险阻,守之极难。"马谡却自吹自擂,夸下海口曰:"某自幼熟读兵书,颇知兵法。岂一街亭不能守耶?"马谡一到街亭,看了地势,就笑道:"丞相何故多心也?量此山僻之处,魏兵如何敢来!"马上下令"山上屯军"。副将王平不同意他的意见，认为屯兵山上有危险。马谡大笑："汝真女子之见。兵法云：'凭高视下，势如破竹。'若魏兵到来，吾教他片甲不回！"还说，"吾素读兵书，丞相诸事尚问于我，汝奈何相阻耶？"这个徒有虚名的庸才，骄狂轻敌，结果失守街亭，一败涂地，害得诸葛亮无奈唱了一出"空城计"，而他自己也因此丧失了性命。

除了《三国演义》中的人物外，《阿Q正传》中的主人公阿Q也是个骄傲自大的家伙。阿Q很自尊，"所有未庄的居民，全不在他眼睛里，甚至对于两位'文童'也有以为不值一笑的神情"。他和别人吵架的时候，间或瞪着眼睛道："我们先前比你阔的多啦！"

一个老头说了声"阿Q真能做"，他就洋洋得意起来。进了几回城，他就"更自负"了。

马谡因为"自幼熟读兵书，颇知兵法"，因为平时"丞相诸事尚问于我"，所以才那么骄傲、自大；而阿Q骄狂的资本，不过是"先前阔"（还不知是真是假）、"真能做"和进过几回城，比起袁术和马谡来就可怜多了。

谨慎言行，以免招祸

【原典】

荀子曰："言有招祸也，行有招辱也。君子慎其所立乎？"

【古句新解】

荀子说："言语多有时会招来灾祸，行为不慎会招来羞辱，所以君子对自己的立足点一定要慎重小心呀！"

自我品评

正所谓："言多必失。"一个人总是滔滔不绝地讲话，说得多了，话里自然地会暴露出许多问题。比如你对事物的态度、你对事态发展的看法、你今后的打算等，都会从谈话中流露出来，被你的对手所了解，从而制定出相应的策略来战胜你。而且，你的话多了，其中自然会涉及到其他人。

由于所处的环境不同，人的心理感受不同，而同一句话由于地点不同、语气不同，所表达的情感也不尽相同，别人在传话的过程中也难免会加入他个人的主观理解，等到你谈话的内容被谈话对象听到时，可能已经大相径庭，势必造成误解、隔阂，进而形成仇恨。另外，人处在不同的状态下，讲话时心情不同，讲话的内容也会不同：心情愉快的时候，看事看人也许比较符合自己的心思，故而赞誉之言可能会多些；心情不愉快，讲起话来不免会愤世嫉俗，讲出许多过头的话，招来很多麻烦。"喜时之言多失信，怒时之言多失礼。"荀子很早就认识到"祸从口出"的道理。

唐代著名的诗人和词人温庭筠,从小就文采出众,才思敏捷。每次参加科举考试的时候,别人对那些试题都要苦思很久,可他却能在顷刻之间完成。据说,他只要把手交叉八次,就能做出一篇八韵的赋来,所以,当时的人都叫他"温八叉"。按说,温庭筠有这样的才华,早就应该金榜题名,青云直上了。可他屡次参加进士考试,却始终没有中第。

原来,温庭筠有一个习惯。由于他富有才华,所以在考场上早早就答完了考卷。剩下的时间他不肯闲着,就开始帮助起左邻右舍的考生来,替他们把卷子一一做完。那些考生自然对他感恩戴德,但却引起了主考官的不满,多次将他黜落。后来,他这个名声越传越远,弄得人人皆知。主考官就命令他必须坐到自己跟前,亲自看着他。温庭筠对此不满,还大闹了一场。可即使这般严防,温庭筠还是暗中帮了八个考生的忙,自然,他自己又是名落孙山了。考了十几次还没有中第的温庭筠渐渐对科举考试失去了希望。他投到丞相令狐绹的门下去做幕客,替丞相代笔写些公文、诗词。令狐绹很看重他的才学,给他的待遇也十分优厚。但温庭筠却恃才自傲,对这位丞相特别看不起。有一次,皇帝赋诗,其中一句有"金步摇",令大臣们作对。令狐绹对不出来,就去问温庭筠。温庭筠告诉他可对"玉条脱"。令狐绹不知道是什么意思。温庭筠就说"玉条脱"的典故来源于《南华经》,《南华经》并不是什么生僻的书。丞相在公务之暇,也应该多看点书才是。言下之意,就是讥讽令狐绹不读书,令狐绹十分不高兴。又因为皇帝喜欢《菩萨蛮》的曲调,令狐绹就让温庭筠为自己代填了十几首词进献给皇帝,还特别嘱咐温庭筠千万不要把这件事泄露出去。可温庭筠却将此事大肆宣扬,使得尽人皆知。令狐绹对他更加不满了。

温庭筠对令狐绹的为人颇为鄙视,还经常做诗讥讽他。令狐绹做了宰相后,因为自己这个姓氏比较少见,族属不多。所以一旦有族人投奔,都悉心接待,尽力帮助,有很多人都赶来找他。甚至于有姓胡的人也冒姓令狐。温庭筠讽刺道:"自从元老登庸后,天下诸胡悉带

第四章 无礼不生
——荀子这样说礼仪

令。"他还看不起令狐绹的不学无术，说他是"中书省内坐将军"，虽为宰相却像马上的武夫一样粗鄙。令狐绹得知这些事情，就更加恨他了，后来温庭筠又想参加科举考试，令狐绹奏称他有才无行，不应该让他中举。就这样，温庭筠终身与科举及第无缘。

温庭筠喜欢表现自己，因此得罪了主考官，得罪了宰相，还不知收敛，又把皇帝也得罪了。唐宣宗喜欢微服出行，一次正好在旅馆碰到了温庭筠。温庭筠不知道他是当今天子，言语中对他很不客气。皇帝认为他才学虽优却德行有亏，把他贬到一个偏僻小县去做了县尉。

温庭筠一直当着各式各样小得不能再小的官，穷困潦倒。有一次他喝醉了酒而犯夜禁，被巡逻的兵丁抓住，打了他几个耳光，连牙齿也打落了。

那里的长官正好是令狐绹，温庭筠便将此事上诉于他，可令狐绹却记着当年的旧恨，并未处治无礼的兵丁，却因此大肆宣扬温庭筠的人品是如何糟糕，后来这些关于他人品差劲的话传到了京城长安，温庭筠不得不亲自到长安，在公卿间广为致书，申说原委，为己辩白冤屈。这个时候，他对于自己过去恃才凌人的做法感到后悔，写诗有"因知此恨人多积，悔读《南华》第二篇"之句，可是这种悔悟并没有使他吸取教训。后来，他做了国子监考试的主考官，又忍不住自我表现了一回。按照一般规矩，国子监考试的等第都是由主考官圈定，并无公示的必要。温庭筠可能是饱受科举不第之苦，又对自己的眼光特别有自信，于是别出心裁，将所选中的三十篇文章一律张榜公示，表示自己的公平。他觉得自己的眼光很高，态度公正，所以并不害怕群众监督。可他选中的文章中有很多都是指斥时政的，温庭筠还给了这些文章很高的评语，这不免让那些权贵们心中不满。后来，丞相杨牧干脆找了个理由，把他贬到外地，温庭筠郁郁不快，还没有到所贬之地就因病去世了。

像温庭筠这样才华横溢之人，本来是应该有一番大作为的。可是，他却不懂得低调做人，太喜欢表现自己的才华，甚至不分场合、不分对象。所以，他的才华不但没有成为成功的助力，反而却处处招惹是非，使他丧失了很多本来应该把握的机会，潦倒终生。可以说，他的仕途进取之路是被他自己亲手断送的。

还有一位不知谨慎言行的人是中国文学名著《三国演义》中的关羽。此人曾经"过五关斩六将",自以为"威震华夏","天下无敌",异常骄狂。

刘备自立为汉中王后,封"关(羽)、张(飞)、赵(云)、马(超)、黄(忠)"为"五虎大将",关羽居首。关羽听说黄忠也被封为"五虎大将"之一,大为恼火,怒气冲冲地说:"黄忠何等人,敢与吾同列。大丈夫终不与老卒为伍!"

关羽驻守荆州时,孙权派人到他那里,替孙权的儿子向关羽的女儿求婚,"求结两家之好","并力破曹"。关羽却勃然大怒,对来人道:"吾虎女安肯嫁犬子乎!"孙权派陆逊镇守陆口。陆逊派人给关羽送礼,关羽竟当着来使的面说道:"孙权见识短浅,用此孺子为将。"这个关羽,自称"大丈夫",又称自己的女儿为"虎女",把有"百步穿杨之能"的老将黄忠叫做"老卒",把东吴首领的儿子骂做"犬子",又把东吴的大将陆逊看做"孺子",真是狂妄之极!关羽如此狂妄自大,结局如何呢?到头来落得个失荆州、走麦城、人头落地的下场。

那么,如何避免言语招来的祸患呢?

一是要少说话,多听听他人的意见和主张,虚心向有才能的人学习,才能以他人之长补己之短。

二是讲话要慎重,不要妄发言论,信口雌黄,让人觉得你不知天高地厚。

三是讲话要注意时间、地点、场合和讲话的对象。若不管三七二十一,炫耀自己在某一方面有学识有见解,乱发议论,这样会伤害别人的自尊心,也会影响人际交往。

四是要注意讲话内容的选择,该讲的讲,不该讲的不要到处乱讲。

《忍经》云:"白珪之玷尚可磨,斯言之玷不可为。齿颊一动,千驷莫追。噫,可不忍欤!"言多必失,话一旦出口,不假思索,匆忙之中妄下结论,所造成的影响,是几百句、几千句也弥补不了、修正不了的。因此说,一定要谨慎言行,这才符合礼仪!

第五章 学而不已
——荀子这样说治学

荀子曰："学不可以已。"人生有涯而学无涯矣。在荀子看来，学习在于不断积累，唯有勤奋好学、持之以恒，才能学有所成。学海无涯，学无止境。中华文化博大精深，是不可能学习完的。故此，学习不能骄傲自满，否则，很难学到更新更多的知识。"青，取之于蓝，而青于蓝"，学习要学会创新，学习更要有实事求是的精神。

第五章 学而不已
——荀子这样说治学

活到老，学到老

【原典】

荀子曰："真积力久则入，学至乎没而后止也。"

【古句新解】

荀子说："学习日积月累，才能够深入，要活到老，学到老。"

自我品评

对于治学，人又该如何去获取知识呢？

荀子说："没有刻苦钻研精神的人，在学习时就不会有明显的智慧。"

荀子又说："学习时踏踏实实地积累，持久努力，就能钻研进去，学习一直到死才能够停止啊！"

在荀子看来，学习在于不断积累，唯有勤奋好学、持之以恒，才能学有所成。

学无止境，艺不压身。知识的海洋无比宽广，技艺的天地无比辽阔，即使你一生都在学习，也有太多学不完的东西，所以我们要秉持"活到老，学到老"的精神。

孔子总结自己的人生，说当他十五岁的时候，便立志做学问。"三十而立"，十五岁开始求学，经过十五年的学习、实践，到三十岁确立了自己的人生观、世界观，开始构筑起自己的人生坐标。"立"指思想和意志的独立，做人做事处世的道理不变了，确定了，人生非走这条路不可了。又经过十年的磨炼，"四十不惑"，到了四十岁明白了事物的发展都是有规律的，聚散分合、成败盛衰是自然结果，不会再有迷惑、看不开了。又过了十年，"五十而知天命"，进一步了解认识这些规律。再过十年，"六十而耳顺"，对人生和宇宙规律理解得更深更透，好话坏话尽凭人家去说，自己都能听得进去而毫不动心。不生气，每天都笑口常开，平平静静。又十年，"七十而从心所欲，不逾矩"，自己的人生实践就可以在规律内自在安然，随心所欲，获得生命的自由了。

孔子的人生经验，几十年的学习、实践，完成了从"有我"到"无我"的过渡，不同阶段的体会，对我们是一种激励，也是一种启发。

而澳大利亚一位94岁老太太获医学硕士学位的真实故事更加令人振奋和敬佩！这位名叫特纳的老太太90岁在大学开始硕士阶段的学习，并在94岁时最终获得医学科学硕士学位，创下了获硕士学位的最高龄世界纪录。连教授都被特纳旺盛的学习精力和勤奋好学的精神所折服。"她每天早上5点起床，然后开始思考问题。从她的想法、精力及兴趣来看，她就像是一个25岁的年轻人，她的思维很活跃。"哲人说，鸟久不飞就会有点像没有翼，兽久不走就会有点像没有足，人手足久不动就会有点像没有手足，头脑久不用就会有点像没有头脑，至少也会变迟钝，像傻子和呆子一样。所以说，预防老年痴呆症最简单有效的方法就是多学些新知识，多和外界接触，多参加运动。看来"活到老，学到老"不仅能完善知识结构，也可以达到延年益寿的功效。

人生是无限可能的艺术。人有无穷的潜能，只是每个人开发潜能的程度不同。"活到老、学到老"就是现代人提出的"终生学习"，这是一种无界限的学习。因此要打破界限，摆脱思维框架来学习。

宋代思想家朱熹说过："无一人不学，无一时不学，无一地不学，无一物不学。"这是对终生学习的最佳诠释。

第五章 学而不已
——荀子这样说治学

有人问古希腊哲学家亚里士多德，受过教育的人与没有受过教育的人的差别在哪里？亚里士多德回答说："这就如同活着的人和死去的人之间的差别。"亚里士多德认为，没有受到教育的人如同行尸走肉，毫无意义。这样的观点有些夸张了，但是，学习的确让我们长知识、懂礼仪、明事理。如果不学习，一个人可能就会变成井底之蛙，慢慢会被社会所淘汰。所以，人不可以不学习，不学习的人生必将是空洞的人生。人不可以一日不学习，学习是一辈子的事。

明末清初的思想家李颙有几句话讲得极好，也是对当下社会的直接批评。他说，只有讲求学问，才能使人自立并通达事理；只有讲求学问，才能使社会转变风俗习惯；只有讲求学问，才能做到拨乱反正；只有讲求学问，才能改天换地。讲求学问是民众的命脉、宇宙的元气，不可一日停止不讲。

之所以提出终身学习的观点，是因为人类几千年积累下来的知识文化只用短短几十年的时间根本学不完。故先贤庄子说："吾生也有涯，而知也无涯。"更何况现代社会知识更新的速度大大加快，一个人用十几年所学到的知识，可能在很短的时间内就过时不再实用了。如果不立即去学习新的知识，就将陷入"知识半衰期"，即基础知识仍然可用，但其他的一半知识已经落伍。当前，知识半衰期正在日益缩短，由最早的100年逐渐缩短至当前的3年。知识裂变速度"一日千里"，今天的知识即使刚印到书本上就可能不再实用了。一个人如果不学习或停止学习的时间太久，则将与社会脱节。

据统计，当今世界90%的知识是近三十年内产生的，知识半衰期只有五至七年。而且，人的能力就像电池一样，会随着时间的增长而逐渐流失。因此，人们的知识需要不断"加油"和"充电"。

当今时代，世界在飞速发展，知识更新的速度也日益加快，人们要适应变化的世界，就必须努力做到"活到老，学到老"，要有终生学习的态度。以老人为例，虽然他们年事已高，无须再进行过多的劳动，但也得学会如何使用洗衣机、微波炉甚至是电脑，不然享受不到科技带来的乐趣与便捷。在终生学习这方面，鲁迅先生是个榜样，他在临死前一个小时还在写文章。还有华人首富李嘉诚，他每天晚上看书学习，这个习惯已坚持了几十年。比尔·盖茨更认为，只是"活到老，学到老"还远远不够，"在21世纪，人们比的不是学习，而是学习的速度"。

  人生有涯而学无涯也。宋真宗赵恒的《劝学诗》曰："富家不用买良田，书中自有千钟粟；安居不用架高堂，书中自有黄金屋；出门莫恨无人随，书中车马多如簇；娶妻莫恨无良媒，书中自有颜如玉；男儿若遂平生志，六经勤向窗前读。"意思是说：读书考取功名是人生的一条绝佳出路，考取功名后，才能得到财富和美女。读书是否应抱有功利心暂且不提，这里却说明一个问题：读书的作用非常大。因此说，我们应该活到老，学到老。

学海无涯，不可自满

【原典】

荀子曰："学不可以已。"

【古句新解】

荀子说："学习不可以停止。"

自我品评

学海无涯，学无止境。中华文化博大精深，是不可能学习完的。故此，学习不能骄傲自满，否则，很难学到更新更多的知识。南宋大学问家朱熹《观书有感》的诗中说道："问渠哪得清如许？为有源头活水来。"水渠里的水为何这样清澈，就因为它的源头是一口清泉。人要不断学习，充实自己。

韩非是荀子非常喜欢的弟子之一。

韩非很聪明，经过一段时间的学习，认为自己已经懂得很多，可以离开老师去辅佐君王了。

韩非将自己的想法告诉了荀子，荀子没有直接表达自己的意见，而是给韩非讲了一个故事：

孔子到鲁桓公庙中去参观，见到一个倾斜易覆的器物，就向守庙的人问道："这是什么器物呢？"

守庙的人回答说："这是君主放在座位的右边来警戒自己的器物。"

孔子说："我听说这种放在座位右边的器物，空着时要倾斜，注入一半的水就平正，放满了水又会翻倒。"

孔子又回过头来对他的学生说："往里面灌水吧！"

孔子的学生便舀水往器物里倒，倒到一半时，器物就端立着，倒满了，器物就翻倒了。空着时，器物就倾斜着。

于是孔子大声叹息道："唉！哪有满了而不倾覆的呢？"

韩非听完了荀子的话，脸变得通红，知道这是老师在批评自己骄傲自满呢！

韩非立即向老师作了自我批评，从此谦虚好学。

自满使人满足已有的成绩，自鸣得意、自以为是，从此止步不前。骄傲自满，会使人丧失进取之心。

荀子提醒我们，千万不能有自满之心。过分自我感觉良好是一种无知，它虽然使人有傻瓜般的幸福感，让人得一时之快，但实际上常常有损于名声。

然而，我们在生活中经常会遇到这样一种人，他们总喜欢指责别人的缺点，说人家这做得不合适，那也做得不够，似乎他什么都行，对什么都可以说出一番大道理来。其实，这只是一种自满的表现，他们之所以摆出一副"万事通"的面孔来，就是怕被别人轻视，才用这种方式来显耀自己，以此来提高自己的地位，可是这样做的结果只会让人厌恶。

一个人如果自满，觉得自己什么都会，就必然导致什么都装不下，什么都学不进去。就像杯满茶水溢出来一样。

山东大学校训"气有浩然，学无止境"，以其恢宏和大气营造着催人奋发向上的精神境界，堪为"学不可以已"的注脚。

荀子把"博学"与"自省"结合起来，作为进益智慧的途径。《中庸》概括了学习依次递进的五个层次，博学为基础："博学之，审问之，慎思之，明辨之，笃行之。"孙中山先生为中山大学亲笔题写了"博学、审问、慎思、明辨、笃行"的校训。

第五章 学而不已
——荀子这样说治学

诸葛亮告诫子孙"夫学须志也，才须学也。非学无以广才，非志无以成学"（《诸葛亮诫子书》）；葛洪说"博见而善择，偏修一事不足必赖也"（葛洪《抱朴子·微旨》）；欧阳修言"多识由博学"（《和圣俞》）；苏轼讲自己的创作体会是"退笔如山未足珍，读书万卷始通神"，所以他主张"博观而约取，厚积而薄发"（苏轼《稼说送张琥》）。

现代著名历史学家、人称"教授之教授"的陈寅恪也是一个博学的典范。陈寅恪少年时代就熟读经书、史书，后来留学日本、欧美，精通英、德、法、日文，还掌握了拉丁文、希腊文、梵文、巴利文、波斯文等19种文字，对魏晋隋唐史、梵文等古文字以及佛教经典均有精湛研究。著名学者吴宓对他有这样的评价："合中西新旧各种学问统论之，吾以寅恪为全中国最博学之人。"

狭义的学习是求知，即荀子所谓"习其句读者"，广义的学习则是对真理的求索，它是对世界、对人生的好奇，是探索未知的欲望，是一种永不满足的执著，也是人对完美的一种追求。

荀子强调学习是一个长期积累的过程，所以"学不可以已"。

从古至今，博学多才的人尚且不敢骄傲自满，仍然不断学习。作为我们这些后来者，焉能骄傲自满？

人贵有自知之明

【原典】

荀子曰："子曰：'回，知者若何？'颜渊对曰：'知者自明。'"

【原典】

荀子说："孔子问：'回啊！有智慧的人应该是怎样的？'颜渊回答说：'有智慧的人认识自己。'"

自我品评

老子曾说："知人者智，自知者明。"能够明白别人的优点和弱点，是"知人者智"；知道自己的优点和弱点，则是"自知者明"。一个人就好比是一条船，无论大小，都必须随时知道自己处在什么位置、载重多大、航速为多少。所以说，做人要善于剖析自己。只有当他正确地认识自己的才能和价值时，他才能在各种条件下，充分地展示和发挥自己的才能。反之，一味自高自大，目空一切，只能是一生碌碌无为，毫无建树。

世上万物，都有自己的长处和短处，然而，能否知道自己的长处和短处，却不容易。不然，何以自古就有"人贵有自知之明"之说呢！其实，这种自知之明就是能发现自己的卓越和缺陷，认识自我的优势和劣势，从而依照自己的条件决定去干什么，不去干什么。然而，生活中却常常能够看到没有"自知"的人。他们往往在还不清楚自己的能力、兴趣、经验之前，便一头栽进一个过高的目标——这个目标是

第五章 学而不已
——荀子这样说治学

盲目追随别人得来的，而不是了解自己之后得出来的，所以每天要受尽辛苦和疲惫的折磨，而最终却不一定获得多大的成效。其实，他们所受的折磨完全是由他们的不"自知"造成的。

虽然生活赋予我们每个人的并不是完全相同的阳光雨露，但上天是公平的，"天生我材必有用"，只要我们正确认识自己，不失自知之明，就能谱写出属于自己的华美乐章。

在《荀子·子道》中荀子记载了一段孔子与其弟子的谈话。

子路进来，孔子问道："由啊！有智慧的人应该怎样？讲仁德的人应该怎样？"

子路回答说："有智慧的人让人了解自己，讲仁德的人让人爱自己。"

孔子说："你可以称为儒士了。"

子贡进来，孔子问道："赐啊！有智慧的人应该怎样？讲仁德的人应该怎样？"

子贡回答说："有智慧的人了解别人，讲仁德的人爱别人。"

孔子说："你可以称为儒士中的君子了。"

颜渊进来，孔子问："回啊！有智慧的人应该怎样？讲仁德的人应该怎样？"

颜渊回答说："有智慧的人能认识自己，讲仁德的人懂得自爱。"

孔子说："你可以称为明达的君子了。"

荀子借用孔子及其弟子的谈话告诉我们：人贵有自知之明。

所谓自知，即知道自己、了解自己。把人的自知称之为"贵"，可见人是多么不容易自知；把自知称之为"明"，又可见自知是一个人智慧的体现。

每个人都不相同，有的人聪明，有的人平庸；有的人强壮，有的人弱小。每个人的性格、能力、经验也各不相同。人如果在生活中总是与别人比较，总是希望获得他人的掌声和赞美，博取别人的羡慕，那么，他就会慢慢地迷失自己。一个人成天期望获得别人的掌声，他的生活必然是空虚的，久而久之，他的生活就变成了负担和苦闷。因此，我们只有了解自己，依照自己的潜能去发展，那才有真正的喜悦，那才有真正的快乐与成功。

汉高祖刘邦开创汉室四百年江山，他曾说过，论筹集粮草，安抚百姓，他比不上萧何；运筹帷幄，决胜千里，他比不上张良；行军打仗，指挥千军万马，克敌制胜，他比不上韩信。然而，他也有自己的长处，就是能使人才各尽其所，共同为大汉尽心尽力。刘邦不因自己才能不济而嫉贤妒能，而是正确认识到自己的才能在于招揽人心，知人善任，终使自己身边人才济济，成就大业。

宋代词人柳永，早年追求功名，然而仕途坎坷，生活潦倒，他终于认识到自己的天地不在庙堂，而在民间；自己的最佳身份不是封侯拜相，而是文人。于是他豁然开朗，自称"奉旨填词柳三变"，潜心研究制词、音律，吟风弄月，流连于舞榭歌台，将宋词的温柔旖旎推向极处，成为人们所喜爱的词人。

人贵有自知之明，我们应该认清自己的弱点和短处，而不去做那些力不从心、劳而无功的事情。既不妄自菲薄，也不自吹自擂，更不能过高地估价自己的能力和水平。

人贵有自知之明，就是要看清自我，摆正位置，无论别人怎么对待你，怎么说你，你都要用理智这杆秤将自己称准，找准保持心中天平平衡的砝码。不要拿别人的评价跟自己过意不去。要保持平和的心态，乐观的精神，学会换位思考、"补偿"思考、活出个性，活出自我。

尼采曾经说过："聪明的人只要能够认识自己，便什么也不会失去。"正确认识自己，才能使自己充满自信，才能使人生的航船不迷失方向；正确认识自己，才能正确确定人生的奋斗目标。只有树立了正确的人生目标，并充满自信，为之奋斗终生，才能获得想要的成功。

人之所以不自知，正如庄子所说："目不见睫。"人的眼睛可以看见百步之外的东西，却看不清自己的睫毛。正所谓"不识庐山真面目，只缘身在此山中",这便是人不自知的原因。

那么,我们该如何做到自知呢?

1. 孤独地面对自己

许多人总是陷于无穷无尽的日常事务和人际关系中,这使他们根本无暇去了解自己。在纷繁复杂的高速运转中,你不妨给自己放个假,让自己隐退,孤独地只有自己,让内心的真我有一个展现的时间和机会。

2. 与自己对话

要真正了解自己,必须养成与自己"对话"的良好习惯。你需要每天抽出一点时间留给自己。当你一个人独处时,你可以把自己那刻的感觉、感情、想法等在心中一一过滤,审视一下自己的心态是否平衡;了解自己真正在想些什么;怎样做才能使自己心安理得;出现问题最主要的原因是什么;知道自己为人处世的缺陷等。

3. 通过别人了解自己

设法了解自己在别人心目中的形象。你可以向亲人或较亲近的朋友询问自己在他们心中的印象,听听他们对自己各方面的看法。你可以通过身边的人对你的态度、评价,扪心自问:"我做错了什么?""我做对了什么?""我什么地方做得还不够?"……但需切记,对于别人合理、善意的批评,应该冷静地予以接受。

需要提醒的是,人要知道自己、了解自己,不但要知道自己多高、多重、多胖、多瘦、多美、多丑这些外在的东西,而且要知道自己是一个什么样的人,有什么优点和缺点,自己应该走什么样的路,适合干什么等,也就是说要找准自己的社会角色定位。从某种意义上而言,后者比前者更加重要,也更难清楚地认识。

俗话说:"金无足赤,人无完人。"人,只有经历暴风骤雨的洗礼,雪压霜欺的磨砺,在无数次的跌倒中爬起,然后再用镜子照清楚自己,找到真实的自我,方能达到"有自知之明"之境界,再经过不断地修补和完善,向完美的人生靠近。

反省自己，知明无过

【原典】

荀子曰："君子博学而日参省乎己，则知明而行无过矣。"

【古句新解】

荀子说："君子学习渊博的知识且每天检查和反省自己，就会智慧聪明且行为没有过错。"

自我品评

荀子所说的反躬自省其实是一种做人的态度——做人应时常自我反省。

那么，为什么要自我反省呢？

因为人不是完美的，总会有个性上的缺陷、智慧上的不足，而年轻人缺乏社会历练，常常会说错话、做错事、得罪人。反省的目的在于建立一种畅通的监督自我的内在反馈机制。通过这种机制，我们可以及时知晓自己的不足，及时改正不当的人生态度。反省是自我心灵的清洁，是磨砺良好品质的极佳方法。

荀子认为，人不可能时时反省自己，却能做到"日参省乎己"。其实，一个人有了不正当的意念或做了见不得人的事情，可能瞒得过别人，但绝对骗不了自己。人之所以会做错事情，不单是外界的诱惑太大，更多的是自己的欲念太强。一个常常自我反省的人，不

第五章 学而不已
——荀子这样说治学

仅能让理智战胜冲动，而且必然知道什么是自己该做的，什么是自己不该做的。

反省是一面心镜，通过它可以洞察自己的心垢。而反省难就难在自己愿不愿意去正视心垢，有没有勇气去洗刷它。

反省是认识自我、发展自我、完善自我和实现自我的好方法。我们不妨试着每天抽出一点时间反省一下自己：今天我到底学到了什么？我有什么需要改进的？我又有什么样的改进？我是否对所做的一切感到满意？如果我们每天都能改进自己并且过得快乐，必然能够获得意想不到的成果。

反省的内容就是对我们的言行扪心自问，这是郑重的人生问题。每天进行"心灵盘点"，有益于及时知道自己近期的得与失，思考今后改进的策略。

反省的立足点和取向主要是针对自己，省悟自身的不足。这不仅是使自身素质不断完善的方法，而且也是融洽人际关系的法宝。比如，"念自己有几分不足，则内心自然气平"；"先问自己付出多少，再问别人给了多少"；"看自己做错了什么，而不是找别人的不足"等，都是较好的反省方法。若能时常这样去反省，就能使自己心平气和，善结人缘。

反省的方式可以灵活多样，至于反省的方法，有人写日记，有人静坐冥想，在脑海中把过去的事拿出来省察一遍。

明代的著名作家张瀚在《松窗梦语》中有过这样一段记述：

张瀚担任御史的时候，有一次，他去拜见都台长官王廷相，王廷相给张瀚讲了一个乘轿见闻。大意是说他某一天乘轿进城办事时，恰巧遇上下雨。而其中有一个轿夫刚好穿了双新鞋，他开始时小心翼翼地寻着干净的路面走，但后来轿夫一不小心，踩进旁边的泥水坑里，此后他就再也不顾惜自己的鞋了。最后王廷相总结说："处世立身也是这样，只要你一不小心犯了错误，这之后你再也不会有所顾忌了。由此可见，常常检点约束自己，是一个人必修的功课。"张瀚听了这些话，十分佩服王廷相，而王廷相的这段见解他终身不敢忘记。

这个故事告诉我们，人一旦"踩进泥水坑"，心里往往就放松了对自己的戒备。认为反正"鞋已经脏了"，一次是脏，两次还是脏，于是便有了依赖性，从此便"不复顾惜"了。就像有些人，起先在工作中兢兢业业、廉洁奉公、一丝不苟，偶然一不小心踩进"泥坑"，经不住酒绿灯红糖衣炮弹的诱惑，从此便放弃了自己的节操。这都是由于不能事先防范而造成的恶果。

不慎而始，遗祸其终，这简单的道理谁都明白，但若要一直做到"不失"，似乎也不是那么简单。一些人为达到自己想要的目的，会利用种种办法设置种种陷阱，包括利用"糖衣炮弹"来百般诱惑，让你"湿鞋"。

现实生活中真的有些东西需要防范，高级干部成克杰、胡长清、李嘉廷的"失足"，可以说正是因为平时不检点不约束自己所造成的。但话又说回来，这些人并非一开始就是胆大妄为的。他们也曾犹豫过、心虚过、自责过，但终究没能战胜贪婪的心理。甚至有的还以"就干这一次"为托词迁就原谅自己。还有一些人，开始时认为事情并没什么大不了的，认为占点小便宜，捞点小外快，乃小事一桩，不足挂齿。殊不知，如此慢慢地放松了警惕，于是在错误的道路上越走越远，越陷越深，一旦醒悟，却已不能自拔。世界充满了诱惑，有时候，仅仅依靠人自身的意志做抵抗是远远不够的。由于"病毒"无孔不入，所以必须定期地给自己打"预防针"。

生活是一种惯性行为，人生活在这个大千世界中，只要没有什么大的波澜，往往会"随波逐流"，迷失自己。无论是正确的行为还是错误的行为，基本都会被一带而过转瞬即逝。但这种平庸的腐蚀后果却是异常严重的。因此，经常性地检讨自己的言行，并及时作出正确的调整和约束，是十分有必要的。从一方面说，自查自省是修德建业的根本需要；从另一方面说，是少犯和不犯错误的关键所在。一个人只要能够做到这一点，那么凡事皆可善始善终。

第五章 学而不已
——荀子这样说治学

一个人如果不懂得自我反省,就看不到自己的问题,更不会有自救的愿望。自我反省在任何人身上都会发生大作用,因为它带来的不只是智慧,更是积极进取的境界。

反省是一种心理活动,即把当局者变为旁观者,把自己变成被审视的对象,站在另外一个人的立场、角度来观察、评判自己。荀子提倡反省,是要我们通过自我反省从思维意识、情感态度、言论行动等方面去深刻认识自己、剖析自己,从而使自己不断进步、不断进取。

学习可以改变命运

【原典】

荀子曰:"我欲贱而贵,愚而智,贫而富,可乎?曰:其唯学乎。"

【古句新解】

荀子说:"我想由卑贱变得尊贵,由愚蠢变得聪明,由贫穷变得富裕,可能吗?回答:那只有学习了。"

自我品评

关于学习,荀子有一个形象的比喻:"青,取之于蓝,而青于蓝;冰,水为之,而寒于水。"青,从蓼蓝中提取,却比蓼蓝更青;冰,由水凝结而成,却比水更冷。这一比喻说明,只要努力学习,后来者一定能居上。

荀子认为学习之所以重要,就在于学习可以"化性起伪",可以把人变成"君子",甚至有可能成为"圣人",这是往大处说。往小处说,学习至少可以使一个人在社会上少犯错误,"知明而行无过"。不学习的人不知天高地厚,言行举止就不知轻重;没轻没重的言行就容易招来耻辱,乃至祸患。而一个人在社会上没有祸,岂不就是最大的福?老是惹祸,何以立身处世?

学习和教育不仅可以改变人性,同时也能改变人生。因为人跟动物不同,动物主要靠与生俱来的本能而生存,而人则主要靠后天习得

第五章 学而不已
——荀子这样说治学

的知识和技能来生存，这也就是荀子所说的"君子善假于物"。个人只有通过学习和接受教育，才能获得这个社会所积累起来的知识和技能，包括关于社会本身的知识以及社会生存的技能；而只有当个人掌握了这些知识和技能，包括这个社会的一系列办事规则和行为规范，才会被这个社会所接纳，从而从这个社会获得与自己被认可了的知识和能力相称的回报。

荀子在《儒效》篇说，一个人想要由贱变贵，由愚变智，由贫变富，办法只有一个，那就是学习。孟子说过"人皆可以为尧舜"，荀子则说"途之人可以为禹"。尽管他们两人在性善性恶问题上有分歧，但都认为在起点上所有人是平等的，只有通过学习，接受教育，才能改变自己的社会地位，改变自己的人生。中国古代发明了科举制度，尽管这个制度有许多弊端和缺陷，但它毕竟提供了一种让人们可以通过学习改变自己社会地位和人生的机制，比起通过暴力争夺或是阴谋诡计来获得社会地位和财富来，还算是一种比较公平和文明的方式。而这种社会机制的形成，与儒家重视学习和教育的传统是分不开的。

因此，荀子强调学习的道德教育和人格培养的内涵，对今人的教育和学习，也有借鉴意义。同时，尽管荀子所说的学习在内容和目标上有特定的历史含义，但他对于学习方法和态度等问题的论述也具有重要性。

荀子曰："干、越、夷、貉之子，生而同声，长而异俗，教使之然也。"吴国、越国、夷族、貉族的人，出生时他们的啼哭声是相同的，而长大以后习俗却各不相同，这是因为受教育不同而导致的。换言之，人生下来都是没有知识的，只有通过后天学习才能获得。

那么，人为什么要获得知识呢？

荀子在《劝学》中有相当精彩的回答："跂而望矣，不如登高之博见也。登高而招，臂非加长也，而见者远；顺风而呼，声非加疾也，而闻者彰。假舆马者，非利足也，而致千里；假舟楫者，非能水也，而绝江河。"没有知识，就好像仅仅踮起脚跟张望，所见所知仍然很

143

少；有了知识，好像登高望远，视野格外开阔。有了知识，好像登上高处招手，手臂虽然没有加长，但远处的人却能看见；有了知识，就像顺风呼喊，声音没有加强，但远处的人却能听见；有了知识，就像坐车骑马的人，双脚并不一定善于走路，但却能够日行千里；有了知识，就像坐船的人，并不一定善于游泳，但却能够横渡江河。

知识的力量是无穷的。它能让愚钝的人变得聪明，让胆小的人变得勇敢，让弱小的人变得强大，让失败的人走向成功……知识不分贵贱，对任何人都一视同仁，只要你肯学，它就不会拒绝你。

东吴名将吕蒙，少贫，没有条件读书。但是他作战英勇，屡立战功。孙权继位后，就提升吕蒙为平北都尉。

建安十三年(208)，孙权派吕蒙为先锋，亲自攻打黄祖，以报杀父之仇。吕蒙不负重望，他斩了黄祖，胜利回师，被封为横野中郎将。

但吕蒙有个缺陷，带兵镇守一方，每向孙权报告军情时，只能口传，不能书写，非常不方便。

一天，孙权对吕蒙与蒋钦说："你们从十五六岁开始，一年到头打仗，没有时间读书，现在做了将军，就得多读些书呀。"

吕蒙说："忙啊！"

孙权说："再忙也没有我忙！我不是要你做个寻章摘句的老夫子，只要你粗略地多看看书，多知道一些以前的事情。"说着给他列出详细的书单，包括：《孙子兵法》、《左传》、《六韬》、《史记》、《国语》、《汉书》等。

在孙权的启发与鼓励下，吕蒙开始努力学习，后来竟到了博览群书的地步。

鲁肃担任都督的时候，常以老眼光来看待吕蒙，以为吕蒙只是一个武夫。

有一次，鲁肃路过吕蒙的驻防地区与他言谈，吕蒙问鲁肃："您肩负重任，于相邻的守将关羽而言，您做了哪些防止突然袭击的部署？"

第五章 学而不已
——荀子这样说治学

鲁肃说:"这个,我还没考虑过!"吕蒙就向鲁肃说起了吴蜀的形势,提了五点建议。鲁肃听了大为赞叹,赞扬吕蒙见识非凡,认为吕蒙已是一个文武双全的帅才。鲁肃走到吕蒙跟前,拍拍吕蒙的后背说:"真是聪明一世,糊涂一时,吕兄进展如斯,把我蒙在鼓里,先前总以为你只有勇武,不想,听君一席话,茅塞顿开,原来吕兄也是有学识之人,可笑愚弟走了眼。"

吕蒙一笑说:"士别三日,应该另眼相看,况且你我之别,远非三日,哪里知道我的变化,今日一叙,不可同日而语了。"

打那以后,鲁肃同吕蒙成了好朋友。不久他又接替鲁肃统率东吴的军队,成为一代名将。

吕蒙转型很快,从一介武夫,脱胎换骨为将才,靠的就是读书,不断地充电。

生活中常有人说:"工作太忙,没时间学习。"其实,这只是懒惰的借口而已。以"忙"为借口逃避学习的人实在令人惋惜。因为至少可以利用看电视、玩网络游戏、度假或闲聊的时间读一些有益的书。

人不可能一出生就具有超群的本领,凡取得成就者,都是后天修炼所得,都是在一点一滴的积累和学习中进步的。成功者往往有渊博的学识、独到的见解、优雅的谈吐……而这些均可以由学习而来,所以说,学习是你迈向成功的通行证,学习可以改变你的命运。

青出于蓝，而胜于蓝

【原典】

荀子曰："青，取之于蓝，而青于蓝。"

【古句新解】

荀子说："譬如青颜料是从蓼蓝中提取的，却比蓼蓝的颜色更深。"

自我品评

荀子本是以此比喻人通过学习可以增长才干，后来延伸为比喻学生可以胜过老师或后人可以胜过前人。这两个方面至今对我们依然有着有益的借鉴意义。

每个人都要勇于超越自我，同时要善于在前人的基础上有所创新、有所进步。孔子说："后生可畏，焉知来者之不如今也？"长江后浪推前浪，后来者居上，这是历史发展的规律。

面对激烈的竞争，想成大事的人必须寻找新的突破口，独辟蹊径，才能在诸多竞争对手中脱颖而出，创造真正属于自己的世界。

科学家创立新理论，发明家制造先进机械，专家学者著书立说，文学家吟诗作赋，音乐家谱写新的乐章，美术家绘画雕刻，这些往往都是人们头脑里的思维定式。在人们看来这些为人类增添巨大物质财富和精神财富的劳动才算创造，似乎创造只是伟大的专利。

虽然科学家、发明家、文学家、艺术家的创造和创新是伟大的，

第五章 学而不已
——荀子这样说治学

令人敬仰的，但是他们毕竟是人，创新并不是他们与生俱来的专利，当你走进创造心理学就会发现，创新是人才的标志。每个神智健全的人都毫无例外地存在着创新能力。成大事的人要善于运用大脑，去开创新的世界。

其实，只要你对自己仔细审察，你就会发现自己在某一方面"独出心裁"，或者同别人的观点、看法不一致，有着自己的独到见解；或者你工作出色，出类拔萃。有些人可能在读书方面不行，但动手能力强，设计、编程顺畅自如，这些也是创造才能的表现。

关于大口径牙膏的来历，有一个小故事。某牙膏厂的新产品上市后，很受消费者的欢迎，于是，销量猛增，一年一个台阶，自然带来了丰厚的利润。可是，乐观了不久，由于激烈的竞争，市场趋于饱和，几年后，销量很难再往上攀升了。为了摆脱这个局面，该厂便向员工宣布，假如谁能有办法扩展其销路，增加销售量，就给予十万元奖励。在众多的应征者中，有个青年脱颖而出，拿走了丰厚的奖金。他的办法也很简单，把牙膏口直径扩展一毫米。由于谁也不会在意那每次多挤出的一点点，但无形中加快了使用的速度，而且集腋成裘，对于厂家来说，则留出了巨大的拓展空间，成绩就这样做出了。

创新并不神秘，人人具备创新潜能，一旦你懂得创新的奥秘，善于掌握科学的方法，你那潜在的创新才能迸发出来，成就大事。

富有创造性的人在表面上与普通人没有什么两样。不过，他能在开创自己的"王国"时，能循序渐进地开拓一个适合创新生存的环境。

创新不同于创意，创意是想出新点子，创新是将这些点子运用到现实中；创意富有想象力，令人兴奋，并充满乐趣，创新则是一项艰辛的实践。

创新来源于点子，成功的创新来源于好的点子，而好点子的诞生需要在许许多多的点子中"择优"。这个过程就好像一个摄影家拍一张好照片的过程，他照得越多，越有得到一张传世之作的可能。

每个人都具有创新思维，因此都具备创意。虽然每个人的创意各不相同，但是运用你的创新思维能力开发你的创造力，会给你带来奇迹。每个人都可以有意识地应用下列技巧以想出更多的点子。运用创意产生的循环系统，即使时代变迁亦不会改变，若要想出好点子，就要练习下面五个步骤：

1. 你开始想改进某些东西，或是你开始想解决你的问题。第一项步骤就是这些意念第一次到你脑子里的时候。

2. 作一些研究，尽你所能学习有关这项问题的知识。阅读、与他人交谈，并尽可能地收集相关资料。

3. 暂时忘掉问题，或者让它进入你的潜意识。把这个问题延后处理，忘记所有跟这件事有关的事，去想别的问题，给你的潜意识时间，让它来发挥作用。

4. 欢乐的令人兴奋的时刻来临了！伟大的新视野从你的潜意识中释放出来，这个阶段也许发生在开车时、沐浴时，或者午夜梦回时。

5. 灵光闪动是很重要的一部分，但是可靠性极低。你必须在头脑清醒时，客观地审视这个新点子，判断它是否值得投注心力。征求别人的意见，找一个尽可能客观的人，试着向一位顾客推销你的点子，只有少数的点子能经得起这些判定，好的判断力来自经验，经验来自不断地判断，尽量向别人学习他们的经验。

"兵无常势，水无常形"，用兵打仗最讲究一个"奇"字。同样道理，在现代社会中，一个人如果能超越常规，反其道而行之，体现创新的策略，往往能取得好成就。

有道是"条条道路通罗马"，有成就的人决不会沿着一条道走到底，认准目标，旱路不通走水路，大路不通走小路。反常而行的结果往往产生全新的创意、全新的结果。

为什么我们看得远，因为我们站在巨人的肩膀上。历史的车轮永远是向前的。古人留下的智慧我们有需要汲取的，但我们更要在前人的基础上有所创新。

第五章 学而不已
——荀子这样说治学

坐而论道，不如起而行之

【原典】

荀子曰："坐而言之，起而可设，张而可施行。"

【古句新解】

荀子说："坐着谈论的事情，起身就可以部署安排，推广即可实施。"

自我品评

荀子认为，任何思想主张不仅要言之有理、持之有据，更要能够放到现实中去实践，要能够经得起实践的检验，即"起而可设，张而可施行"，荀子对坐而论道的空谈者嗤之以鼻。

一天，荀子的弟子毛亨问荀子：

"老师，我听说楚国有一个姓张的读书人，他讲起书本知识时滔滔不绝，头头是道，然而，若让他去处理世事，他却显得十分迂腐。

"有一次，他得到一部关于水利方面的书，对书进行了一番苦读之后，认为自己能让所有土地变成良田，于是让人们按照他的想法兴修水利。结果水从四面八方的渠道流进了村子，把整个村子都淹没了。"

"老师，您说这是什么缘故呢？"

荀子微笑着说："闻之而不见，虽博必谬。见之而不知，虽识必妄。"即听到不如见到，即使表面上很渊博也一定出现谬误；看见了却不明白，即使记住了也一定错误。

很多时候我们的许多经验、知识都是似是而非的东西。

那么，我们又该如何去鉴别呢？

荀子曰："不闻不若闻之，闻之不若见之，见之不若知之，知之不若行之。学至于行之而止矣。行之，明也。"就是说不听不如听，听到了不如看见了，看见了不如知道了，知道了不如实行它。学习到了亲自实践这步才达到至高的境界。亲自去实践它，就能弄清事理。

换言之，知识只有接受实践的检验，才能成为真知灼见，否则，只能像纸上谈兵的赵括一样，贻笑大方。

荀子的话发人深省，它嘲讽了那些只会死读书的读书人，这些书呆子不能对书本知识进行变通，不会进行思考，更别提学以致用了。

学习知识的目的在于应用。如果学而不会用，那么再好的知识也是一堆废物。

学以致用，不但能够培养能力，而且还能促进成长。学以致用是学习的另一个境界，要达到这个境界，就需要平时不断地锻炼自己，使自己养成良好的学以致用的习惯。

宋代大诗人陆游曾在《冬夜读书示子》中对他的儿子进行劝勉说："古人学问无遗力，少壮功夫老始成。纸上得来终觉浅，绝知此事要躬行。"学在于致用，否则学到的知识便是无用的东西。一个人如果墨守成规地死读书，读死书，不躬身实践，不善于变通，在实际生活中是不可能成为大材的。实践出真知，只有躬身于实践，将书本知识融入实践之中，在实践中不断地总结经验，进一步完善书本知识，自己才能提高。有的家长只抓孩子的考试成绩，忽略孩子的社会实践，造就了高分低能的孩子。因为缺乏实践，书本上的知识在现实生活中根本用不上，就会觉得无所适从，这造成了很多人一生的痛苦。万事万物都处在发展变化之中，更多的时候没有成法可守，如果生搬硬套书本知识，难免会闹出笑话，甚至误国伤身。

刘羽冲，沧州人，他性情孤僻、迂腐，喜欢讲求古代的典章制度，强调按典章制度办事。他虽然勤奋，但迷信古书上的学问，而且做起

第五章 学而不已
——荀子这样说治学

来一丝不苟。

有一天，刘羽冲偶然得到了一部兵书，他如获至宝，闭门苦究，在家中伏案研读了一年。一年后，他觉得自己已经把这本书读得非常明白了，就向周围的邻居炫耀说："我已经把兵书研究得非常透彻了，里面的每字每句我都能倒背如流。如果让我统率十万大军出兵打仗，绝对一点问题也没有。"

刚巧这时发生了土寇变乱，刘羽冲便自告奋勇，训练了一队乡兵，前去平叛。但由于他没有实践经验，全部按照兵书上的兵法生搬硬套，结果整个队伍溃败，他自己也差点被生擒活捉。

刘羽冲侥幸逃回了家里，前思后想，怎么也不明白自己为什么会打败仗。同村的人都嘲笑他："还说自己能统率十万大军呢，带几个乡兵都不行，真是不自量力。"

他对乡人说："那部古代兵书我已经反复看了好多遍了，怎么打起仗来就不行了呢？一定是兵书上有错误，我才会打败仗的。"

后来，刘羽冲又得到一部古代兴修水利的书，他又是如获至宝，闭门静修，在家伏案研读了一年。

一年后，刘羽冲觉得自己已经熟练地掌握了书里的东西，对水利建设已经了如指掌了，便又对乡人说："我已经把这部水利书背得滚瓜烂熟了，按书上说的做，就一定能把千里荒土改造成肥沃的良田。"

于是，他勾画了水利图纸，列上了各种兴修措施，把图纸呈给了州长官。州长官也是个喜欢多事的人，轻信了他的话，便叫他在一个村子里做试验。刘羽冲指挥乡民大兴土木，挖渠引水。可是天有不测风云，田间的水渠刚刚修完，就下起了大雨，发起了大水。洪水顺着沟渠灌入村子，村子里的人险些被淹死。

村民对刘羽冲愤恨不已，纷纷指责他。从此，刘羽冲抑郁不得志，常独自在庭院台阶上走来走去，摇头自语道："古人难道会骗我吗？"就这样，他每天念叨千百次，都只是这一句话。不久，他便发病死了。

这个故事告诉我们，书本上的经验固然重要，但实践经验也很重要，因为它不但是产生理论知识的源泉，而且有些精深的技艺是难以从书本上得到的。当然，忽视书本知识，排斥间接经验，盲目地将书本知识一概视为糟粕的观点，也是不可取的。

为人处世，真正的诀窍就像酒，随着人的行动一同出现、一同消失，说出来的大概也只能算是糟粕了，无非是闻到一点酒精味儿，让人想象不到什么是酒。这就是书本的真正作用，它只有与实践相结合，才能发挥出应有的作用。

有着"乾隆六十年第一人"美誉的清代天才诗人黄景仁一生时乖命蹇，十七岁即有"十有九人堪白眼，百无一用是书生"之慨叹。其实，书生之误国往往就误在"坐而言之，起而不可设，张而不可施行"上，即误在空谈上。宋明理学发展到后期也陷入不务实际、空谈心性的误区，清儒颜元即以"无事袖手谈心性，临危一死报国君"尖刻地嘲讽后儒的空谈误国。

今天，坐而论道的空谈者仍随处可见，所谓"茶碗一端，说话无边，香烟一点，专说人短"。商场上的空谈会贻误商机，害了一个企业；官场上的空谈，则会误了一个地方的发展，毁了一方百姓的未来。

学习知识的目的在于应用，在于指导生活。学习知识如果不与实践相联系，即便学富五车，也只是知识的奴隶。况且，知识只有与实践相结合，才能得到检验、淘汰、补充和完善。因此，一步实际行动胜过一打纲领，与其坐而论道，不如起而行之。

第五章 学而不已
——荀子这样说治学

博采众长，为我所用

【原典】

荀子曰："故君子贤而能容罢，知而能容愚，博而能容浅，粹而能容杂。"

【古句新解】

荀子说："所以，君子自己贤能却能够包容才能低劣之人，自己睿智却能够包容愚昧鲁钝之人，自己广博却能够包容肤浅无知之人，自己思想精粹却能够包容思想驳杂之人。"

自我品评

山锐则不高，水狭则不深。以宽厚的胸怀包容万物，才能在兼济天下的同时完善自我，成就功业。对此，先秦李斯有言："泰山不让土壤，故能成其大；河海不择细流，故能就其深。"三国曹植赋诗："东海客且深，由卑下百川；五岳虽高大，不逆垢与尘。"孔子说："三人行，必有我师焉。"这些话说明了这样一个道理，我们做人一定要时刻向别人学习，多听别人的意见，每个人都有自己的长处、短处，只有不断学习，善于听取不同的意见，才能提高自己\完善自己。

当今社会，人们在不断地思考，什么才是创新。现在，大家已形成共识的创新有两种：第一种是从无到有的原始创新，另一种是把已有的创新成果进行整合为我所用，有人将其称之为从无序到有序的整合创新。

有这样一个故事：一次酒会上，不同国家的宾客在一起聊天，各自夸赞起自己国家的好酒。中国人把茅台酒盖一启，香气扑鼻，在座的各位说茅台了不起。俄国人拿出伏特加，英国人拿出威士忌，法国人拿出了XO，德国人拿出了黑啤酒，意大利人拿出了红葡萄酒……而美国人找了个空杯子，把茅台等几种酒都倒了一点，晃了晃，说我们国家最出名的是鸡尾酒。可见，综合就是创造，把好的东西整合起来就是创新。这更是一种博采众长的美好境界。

当然，一个人办事是否周全、细致、圆滑，固然与他的天生素质有一定的关系，但这不是关键的问题所在，因为有很多东西都是经过后天的学习、培养、锻炼出来的。

常言说，处处留心皆学问。生活中、工作间，我们身边能说会道、会办事的人很多，他们的一言一行都是我们所应该注意观察和学习的。看他们怎样与领导沟通，看他们怎样求同事帮忙，看领导怎样给下属安排工作，怎样批评下属，等等。然后，动动脑筋仔细分析一下他们为什么这样做，观察一下这样做所达到的效果怎样，成功方面的，我们应尽量去借鉴、吸收，失败方面的，我们尽量去避免、抛弃。

著名美籍华裔舞蹈家孟先生对上海某大酒店的一位门厅服务员，就做过细心的观察。他第一次到该酒店时，这位服务员对他微笑致意说："您好！欢迎您光临我们酒店。"第二次来店时，这位服务员认出他来，边行礼边说："孟先生，欢迎您再次来到我们酒店，我们经理对您有安排，请您跟我上楼。"随即陪同孟先生上了楼。又过了很多天之后，当孟先生第三次踏入酒店大门时，那位服务员脱口而出："欢迎您又一次光临。"孟先生十分高兴地称赞这位服务员："不呆板，不机械，很有水平！"

这位服务员应当受到这样的表扬。他并不是学舌鹦鹉，见到客人时只会说一声"欢迎光临"，而是能根据实际情境的变化使用不同的客套话，这表现出他对工作的热爱和对说话艺术的追求。

很明显，这位服务员的服务方式是值得他的同行们去观察、学

第五章 学而不已
——荀子这样说治学

习的。

香港著名富豪李嘉诚就非常注重培养儿子观察、学习说话艺术及办事的能力。每当有重要的会议、会见重要的客人、处理公司的一些问题时，他总是让他的儿子在一旁观察、倾听、领会。也正因为他对儿子的悉心培养，才使得他的两个儿子在今天从容地支撑并发展起他的经济王国。

平日里，我们观察、学习别人的机会很多，亲自锻炼的机会也不少。在家里，来了客人，怎样招待才让客人满意；在单位里，看客户是怎样与领导谈判的；在酒店里宴请客人，看服务员如何招待等等，只要处处留心，认真观察、学习，就能提高我们的办事能力。

博采众长，为我所用。这就需要我们平时做事时，要虚心向别人请教，以便提高和完善自己的办事能力，为成功办事打下良好的基础。

"智者千虑，必有一失；愚者千虑，必有一得。"五短必有一长，即使再愚钝再浅陋的人也自有其可取之处，关键在于我们是否有容人之短的度量，是否有谦恭好学的态度。荀子之所以能够成为集大成的思想家，也是他虚心学习、博采百家之长的结果："能下人，故其心虚；其心虚，故所广取；所广取，故其人愈高。"

不知则问，不能则学

【原典】

荀子曰："不知则问，不能则学。"

【古句新解】

荀子说："不懂就虚心请教，不会就刻苦学习。"

自我品评

荀子提出"不知则问，不能则学"，与孔子的"敏而好学，不耻下问"有异曲同工之妙。的确，虚心请教、不懂就问的良好习惯，不仅能体现出一个人良好的修养和深厚的内涵，而且还能在实际的学习和生活中，让自己受益匪浅，使自己的思想和处事水平不断地得到提升。

北朝时，孔璠门下有位学生名叫李谧，学习十分用功。几年后，他的学识远远超过了老师孔璠。孔璠不摆老师的架子，虚心向学生李谧请教问题。一开始，李谧觉得学生教老师是不尊重老师的表现，说话总是吞吞吐吐。孔璠明白李谧心里所想的，于是，诚恳地对他说："你要知道，凡是在某一方面比我懂得多的人，都可以作为我的老师。何况是你呢？"这件事传出后，其他学生也深受感动，还编了一首短歌颂扬孔璠老师：青成蓝，蓝谢青，师何常，在明经。

郑谷是唐代诗人，自幼十分聪明，七岁就能写诗。郑谷有个诗友叫齐己，是个和尚，比郑谷大，常和郑谷吟诗唱和，二人感情甚好。有一次，齐己写了一首《早梅》诗，诗云：万木冻欲折，孤根暖独

第五章 学而不已
——荀子这样说治学

回。前村深雪里，昨夜数枝开。风递幽香出，禽窥索艳来。明年如应律，先发望春台。

诗写成后，齐已吟味再三，自己觉得很不错，便去找郑谷品评。郑谷看后，说需改一字才好。齐已问改哪一字？郑谷微笑着说，诗中的"昨夜数枝开"，改为"一枝开"才会见其早呀。齐已听了十分佩服，连忙下拜，致谢不已。当时的人皆称郑谷为"一字师"。

唐代大书法家柳公权，从小就认真练习书法，一次，他在村旁学书，有一个卖豆腐的从他身边经过，见了柳公权写的字便十分刻薄地说："这字写得像我担子上的豆腐，既没骨又没筋。城里有个人，用脚写的字比这还好呢!"

柳公权听了非常不服气，第二天，就进城找到了卖豆腐的人所说的那位用脚写字的人，只见他用左脚按纸，右脚挥笔，写时似行云流水、龙飞凤舞，的确很出色。柳公权心中十分佩服，立即向他请教写字秘诀。这人用脚书写道："写尽八缸水，砚染涝池里。博取众家长，始称龙凤飞。"柳公权明白了其中的道理，于是照着这个教诲，勤学苦练，终于成了著名的书法家。

宋濂字景濂，明朝初年浦江人。官居学士，参与了明初许多重大文化活动，主修《元史》，参与了制定明初典章制度的工作，颇得明太祖朱元璋的器重，被人认为是明朝开国大臣中的佼佼者。

宋濂年幼时，家境十分贫苦，但他苦学不辍。他在《送东阳马生序》中讲："我小的时候非常好学，可是家里很穷，没有什么办法可以找到书看，所以只能向有丰富藏书的人家去借来看。因为没钱买不起，借来以后，就赶快抄录下来，每天拼命地赶时间，计算着到了时间好还给人家。"正是这样他学到了丰富的学识。

有一次，天气特别寒冷，冰天雪地，北风狂呼，以至于砚台里的墨都冻成了冰，家里穷，哪里有火来取暖？宋濂手指冻得无法屈伸，但仍然苦学，不敢有所松懈，借来的书坚持抄好送回去。抄完了书，天色已晚，无奈只能冒着严寒，一路跑着把书还给人家，一点也不敢超过约定的还书日期。因为诚实守信，所以许多人都愿意把书借给他看。他也因此能够博览群书，增长见识，为他以后的成功奠定了基础。

到了20岁，宋濂成年了，就更加渴慕圣贤之道，但是也知道自己所在的穷乡僻壤缺乏名士大师，于是常常不顾疲劳跑到几百里以外的地方，找自己同乡中那些已有成就的前辈虚心学习。后来，他觉得这样学习不是长久之计，于是就到学校里拜师学习。一个人背着书箱，拖着鞋子，从家里出来，走在深山之中，寒冬的大风，吹得他东倒西歪。数尺深的大雪，把脚上的皮肤都冻裂了，鲜血直流，他也没有察觉。等到了学馆，人几乎被冻死，四肢僵硬得不能动弹，学馆中的仆人用热水把他全身慢慢地擦热，用被子盖好，很长时间以后，他才有了知觉，暖和过来。

为了求学，宋濂住旅馆，一天只吃两顿饭，什么新鲜的蔬菜、美味的鱼肉都没有，生活十分艰辛。和他一起学习的同学们一个个身穿华服，戴着有红色帽缨、镶有珠宝的帽子，腰里别着玉环，左边佩着宝刀，右侧挂着香袋，光彩夺目，但是宋濂认为那不是快乐，丝毫没有羡慕他们，照样刻苦学习，因为学习中有许多足以让他快乐的东西。他根本没有把吃的不如人、住的不如人、穿的不如人这种表面上的苦当回事。

正是因为宋濂的勤奋好学他才能成就一番事业。他的那些同学又有几人名留青史呢？

著名国画大师齐白石也非常好学，在七十岁那年，他的学生谢时尼在上课时当堂作了一幅名叫《梅鸡》的画，梅花下的公鸡画得别有一番风味，特别是那鸡尾巴极富神韵。齐白石欣赏了许久，笑着说："你画的这张太有味了，能否借我回去临一张？"过了一周后，他又来上课时，诚恳地对谢时尼说："你看我临得好不好？"谢时尼一看临摹的画上有齐白石老师的题字，大意是说：你那鸡画得很好，我要永远把它作样子，现在我拿临摹的这张和你交换，不知你肯不肯答应。谢时尼兴奋不已，因为这正是自己求之不得的。后来，谢时尼一直把这

第五章 学而不已
——荀子这样说治学

张画珍藏着。

以上这些事例中的人，没有一个不是勤学好问之人，也无一例外地都是在各自领域中取得杰出成就的人。因为他们虚心求教的心思，都是不拘于何人何时何地的。或许正因为如此，成功才如此眷顾他们。这是一种礼，更是一种成功的必然途径。

俗话说，大海之所以为大，在于不拒细流；高山之所以为高，在其不辞壤土。知识不惧多，学无止境，不懂就问，精益求精，这不仅是做人的道理，也是求学的捷径。荀子所提出的"不懂就虚心请教，不会就刻苦学习"都是一样的道理的。

如果一个人对自己不明白的问题加以隐瞒，不去向别人请教，在别人面前仍然不懂装懂，那他就太无知、太虚伪了。对有些知识，不懂并不可怕，可怕的是不懂装懂。学无止境，知识无限，谁都不可能做到"样样通，样样精"，而只有虚心向别人学习，不耻下问，才能不断进步。否则，我们若像南郭先生那样"滥竽充数"，只能是贻笑大方，最终被社会所淘汰。其实，对自己不知道的事情，坦率地说不知道，反而更容易赢得别人的尊重。

"不知则问，不能则学"是一种严谨的学习态度。学习就应该如此，只有这样才能不断进步。不懂装懂，自欺欺人，到头来害的还是自己。

信固然信，疑亦是信

【原典】

荀子曰："信信，信也；疑疑，亦信也。"

【古句新解】

荀子说："信当信的是信，疑当疑的也是信。"

自我品评

相信应该相信的，这固然是信；怀疑应该怀疑的，同样也是一种信。相信，就去证实；不相信，就去证伪。怀疑不是否定，而是一种态度、一种精神、一种思维方法，是面对所谓的真理或谬误时应该持有的怀疑态度、实证精神和理性思维方法。

"于不疑处有疑，方是进。"（清·张伯行《学规类编》）"信信"容易，"疑疑"难。在权威被视为"圣人"、经典教条被视为"天经地义"的传统社会，"疑疑"甚至要付出生命的代价。

怀疑一切也许是不可取的，但一切都不怀疑，则注定只能是庸人。在崇拜权威的中国，怀疑精神显得尤为可贵。

殷商末年，周武王继位后四年，得知商纣王的商军主力远征东夷，朝歌空虚，即率兵伐商。周武王率本部及八个方国部落军队，进至牧野，这就是历史上著名的牧野之战。

商纣王惊闻周军来袭，慌忙调动少量的防卫兵士和大量奴隶，开赴牧野迎战。商军的兵力远超周军，但匆忙成军，士气低落，加上奴

第五章 学而不已
——荀子这样说治学

隶阵前倒戈，商军大败。

后来，《逸周书·世俘》上说："受（纣王）率其旅如林，会于牧野。罔有敌于我师（没有人愿意和我为敌），前徒倒戈，攻于后以北（向后边的自己人攻击），血流漂杵。"

战国时期的孟子，他阅读了《逸周书·世俘》一篇，颇有感慨。他说："尽信书，则不如无书。吾于《世俘》取二三策而已矣。仁人无敌于天下。以至仁伐至不仁，而何其血之流杵也？"孟子认为，像周武王这样讲仁道的人，讨伐商纣王这样极为不仁的人，怎么会使血流成河呢？孟子不相信《世俘》中的这个记载，才说了这段话。意思是提醒人们，读书时应该加以分析，不能盲目地迷信书本。如果读什么书时，都照搬课本上的东西，不懂得灵活变通，那么就像这句话说的，还不如不读书。然而，结合商纣的历史战功和当时的客观情况（《世俘》称共18万人在牧野之战中阵亡），《世俘》所记载的情况可能比较接近事实。

自汉武帝接受董仲舒"诸不在六艺之科、孔子之术者，皆绝其道，勿使并进"（董仲舒《举贤良对策》，见《汉书·董仲舒传》）的建议，实行"罢黜百家，独尊儒术"的政策以后，儒学就成为集权社会的统治思想。孔子作为儒家文化和王权社会统治思想的象征，成为统治者推行思想专制的工具，孔子以万世师表的身份被奉若神明，甚至有所谓"天不生仲尼，万古如长夜"（《朱子语类》）的说法。儒学经典以及孔子的神圣化是对是非价值判断标准的垄断，以至于后世"咸以孔子之是非为是非"（李贽《藏书·世纪列传总目前论》）。直到晚明思想家李贽挺身而出，振聋发聩地指出，千百年来人们对孔子的盲目崇拜都是"矮子观场，随人说妍，和声而已"（李贽《续焚书》卷二《圣焚小教引》），并以过人的胆识喊出了"咸以孔子之是非为是非，故未尝有是非"（《藏书·世纪列传总目后论》）的时代最强音。

在李贽看来，是与非的价值标准具有时代性，"如岁时然，昼夜更迭，不相一也。昨日是而今日非矣，今日非而后日又是矣"（《藏

161

书·世纪列传总目后论》）；同时，每个人都有自己判断是非的自主性和能力："夫天生一人，自有一人之用，不待取给于孔子而后足也。"（《焚书》卷一《答耿中丞》）他诘问道："若必待取足于孔子，则千古以前无孔子，终不得为人乎？"（《焚书》卷一《答耿中丞》）

事实上，李贽对于身为学者的孔子是十分敬佩的，称颂其"为出类拔萃之人，为首出庶物之人，为鲁国之儒一人，天下之儒一人，万世之儒一人也"（《焚书》卷三《何心隐论》），他所抨击的，是政治偶像化和统治工具化了的孔子。李贽的叛逆思想难以为正宗儒者，尤其是当政者见容，他被视为"异端"，著作被列为禁书，最后以"敢倡乱道，惑世诬民"的罪名被诏令"严拿治罪"，自刭于狱中，走完了自己渴望挣脱思想枷锁、渴望思想自由的斗士的一生。

唐代的一行和尚是一位非常著名的天文学家。

"千里之行，始于足下。"一行和尚在天文学上能够取得卓越的成就，与他从小勤学习、勤思考是分不开的。一行和尚年幼时就读了很多古代书籍，他对天文和数学的兴趣最大，而且善于思考，遇上一些天文、历法及算术中的疑难问题，总是要寻根问底，弄个明白。

久而久之，一行和尚不但打下了扎实的科学知识的根底，而且培养起了惊人的理解力。有一次，他向当时藏书丰富的著名学者尹崇借了一本西汉大学者扬雄的哲学著作《太玄经》来读。这本著作涉及很多方面的科学知识，深奥难懂，尹崇读了很多年，读了不知多少遍，都没有完全读懂。但是没有几天，一行和尚就把它读完了，把其中的道理也搞清楚了，而且把自己思考所得写成了一篇题为《义决》的读书笔记，绘制了一张《太衍玄图》，向尹崇请教。尹崇不禁为他的惊人理解力、读书和思考密切结合的良好学习习惯而惊叹："真是后生可畏啊！"因此，一行和尚年纪轻轻，就已闻名长安城。

现代学者胡适曾说自己的思想受两个人的影响最大：赫胥黎教我怎样怀疑，教我不信任一切没有充分证据的东西；杜威教我怎样思想，教我把一切学说理论都看做待证的假设。后来胡适用"大胆地假设，小心地求证"十个字来概括杜威的思想方法，并由此而倡导"独立思考，独立判断，重怀疑，重实证"，对中国现代学术思想产生了深远的影响。

信是疑的基础，疑是学的深化，我们要疑，但不是胡乱猜疑，而要切合实际。就像故事中的一行和尚一样，不仅信书，还会疑，这同样也是一种信。若是他尽信书不加思考，就不会有后来的成就。因此我们需要正确地认识自己，既要有理想，又必须脚踏实地去奋斗。我们活着，终日都为寻找打开这些锁的钥匙而奔波忙碌。于是，我们需要信与疑的毅力、信与疑的洗礼、信与疑的考验，只有这样我们的人生才有意义。

信与疑，对陶冶人的情操，提高自身素质有着重要意义。在这个互动的过程中你会发觉：没有知识的人常常议论别人无知，有知识的人时时发现自己无知。学习，为求进取；疑问，才有发展。面对宏观与微观世界的扩展，知识和信息的爆炸，我们脑袋这架"计算机"就必须有一个很好的处理问题和信息的最优程序，不然我们就无法适应飞速发展的时代，无法更好地在社会中生存和发展。

一位名人说过："传统文化好比一捆干草，人们像驴子一样驮着它走，各人的驮法不同，聪明的人把它化为养料轻松地走向未来，愚蠢的人把它当做祖传宝贝，永远是沉重的负担。"希望我们不要把传统文化当做祖传宝贝，不要让它成为我们沉重的负担。不仅要把它消化吸收，更要把它发扬光大。相信它，更要会提出疑问，这样才会进步。

持之有据，论之成理

【原典】
荀子曰："凡论者，贵其有辨合，有符验。"

【古句新解】
荀子说："建言立论，最重要的是要有根有据，可以验证。"

自我品评

荀子指出，任何思想、观点、主张的提出，都必须言之有物、持之有据、论之成理，都必须能够经得起实践的检验，而不能强词夺理或信口开河。

事实上，以事实、经验为依据，以功效为标准，这也是传统认识论的特点。荀子之前的墨子就提出了"三表法"作为判断认识正确与否的标准，"三表"即"上本之于古者圣王之事"，"下原察百姓耳目之实"，"废以为刑政，观其中国家百姓人民之利"（《墨子·非命上》），墨子已初步认识到实际效果是一个检验真理的标准。承继荀子，法家韩非子说得更透彻："无参验而必之者，愚也；弗能必而据之者，诬也。"（《韩非子·显学》）由此他提出了"循名实而定是非，因参验而审言辞"（《韩非子·奸劫弑臣》）的著名观点。汉代扬雄、王充也都对此有进一步的发挥。扬雄说："君子之言，幽必有验于明，远必有

第五章 学而不已
——荀子这样说治学

验于近，大必有验乎小，微必有验乎著。无验而言之谓妄。"（《法言·问神》）王充道："事莫明于有效，论莫定于有证。"（《论衡·薄葬》）据此王充驳斥、批判了泛滥一时的天人感应、鬼神迷信思想。王充自述其作《论衡》的目的就是"疾虚妄"，即以事实为依据，批驳与客观事实相违背的命题。他说："凡论事者，违实不引效验，则虽甘义繁说，众不见信。"（《论衡·知实》）这种精神确是贯穿于《论衡》全书的。

以事实、经验为依据，也就是一种"实事求是"的精神，这种精神贯穿于中国文化当中。"实事求是"一词最早出现在汉代，与之相对立的正是"虚饰浮夸"，"修身齐家平天下，凡能实事求是者必兴，而虚饰浮夸者鲜有不败"（《汉书·河间献王传》）。《资治通鉴》也称赞献王"修古好学，实事求是"。

"实事求是"四个字真正引人注目，是民国时期的事情了。赵天麟任北洋大学校长时，总结了北洋大学的办学经验，概括"实事求是"四个字作为校训，并绘制在国立北洋大学的校旗上。1914年，宾步程出任湖南公立工业学校校长并将学校迁到岳麓书院，他手谕"实事求是"作为校训，旨在陶冶教育学生从客观事实出发、追求真理。至今，"实事求是"的匾额依然高高地悬挂在岳麓书院的讲堂上。

古希腊著名哲学家苏格拉底也曾说过："我唯一知道的，就是我什么都不知道。"他以最通俗的语言告诉我们，知识是无限的，我们了解的只是很少一部分，我们要有自知之明，不能满足于已知。

学问愈深，未知愈重；越是学识渊博，越要虚怀若谷。作为专家、学者，对不知道的东西，我们不仅应当老实地承认"不知道"，而且要敢于说"不知道"。

一位外国人去旁听一位著名教授的示范课。课上他提出自己做的老鼠实验的结果。此时，一位学生突然举手发问，提出了他的看法，并问这位教授假如用另一种方法来做，实验结果将会怎样？所有的听众全都看着这位教授,等着看他如何回答这个他根本就不可能做过的实验。结果,这位教授不慌不忙、直截了当地说:"我没有做过这个实验,所以我不知道。"

当教授说完"我不知道"时,台下响起了经久不息的掌声。

一般人都有不想让别人看出自己弱点的心理,因此很难开口说"不知道"。其实,有时对自己不知道的事情坦率地说不知道,反而能够赢得别人的尊重。因为直截了当地说不知道,会给人留下诚实的印象,并且敢于当众说不知道,其勇气更让人佩服。这样,对你所说的其他观点,人们会认为一定是千真万确的,因此对你也就会更加信任。反之,如果明明不知道却强说知道,自作聪明,欺人自欺,最后只会贻笑大方。

有个美术评论家总是大吹大擂,凡事不懂装懂。

有一天,他受一位知名人士邀请到家中做客。这位名人家里来了许多美术界的权威,他们畅所欲言,谈笑风生。

一会儿,主人拿来一幅画像说:"这是我刚买来的毕加索的画,请各位点评一下。"

于是,那个不懂装懂的评论家马上站起来说:"色彩华丽,线条鲜明,果然是毕加索的画。你刚拿来的时候,我就看出来了。"

主人听完,再仔细看了一下画说:"真抱歉,我刚才介绍错了,这不是毕加索的画,而是米开朗琪罗的作品。"

"什么?米开朗琪罗的?"

顿时,在座的各位名家捧腹大笑。评论家羞得无地自容,恨不得挖条缝钻进去。

不要不懂装懂,所以孔子才告诉他的弟子子由"明白了就是明白了,不明白就是不明白,这才是明智的做法"。

求知最忌自欺欺人,不懂装懂。人们时常讽刺那种只会说"Yes"的"假洋鬼子",这是不懂装懂的典型形象。如果只是读书求知,那不

第五章 学而不已
——荀子这样说治学

过是学不到真东西，对别人也不至于有什么害处。但如果让这种人从政治国，那可就不是害己的问题了，小则害己害人，大则亡党亡国。

所以，我们绝不能低估了不懂装懂的危害，因为它完全可能由一种个人品质而发展成为一种社会公害，贻害无穷。我们必须要坚持持之有据，论之成理这一实事求是的认识论。

第六章 锲而不舍
——荀子这样说坚持

荀子曰："锲而舍之，朽木不折；锲而不舍，金石可镂。"这是一种治学的精神，也是一种铁棒磨成针、百折不挠的韧劲。做学问、干事业，贵在目标专一、矢志不移，最忌三心二意、见异思迁；贵在持之以恒、永不懈怠，最忌浅尝辄止、一曝十寒，否则必然或是半途而废，或是功败垂成。

第六章 锲而不舍
——荀子这样说坚持

专心致志，不可朝三暮四

【原典】

荀子曰："目不能两视而明，耳不能两听而聪。"

【古句新解】

荀子说："眼睛不能同时看清楚两种东西，耳朵不能同时听清楚两种声音。"

自我品评

俗话常说："一心不能二用。"学习成效与用心程度是成正比的，只有集中注意力，才能确保知识、信息源源不断地输入大脑。孟子就以两人拜同一围棋高手为师而学习效果迥异为例，中肯地劝诫人们学习必须专心致志：弈秋，通国之善弈者也。使弈秋诲二人弈，其一专心致志，惟弈秋之为听；一人虽听之，一心以为有鸿鹄将至，思援弓缴而射之，虽与之俱学，弗若之矣。为是其智弗若与？曰：非然也。(《孟子·告子上》)

学习知识如此，道德修养也是这样："专心"才能致志，"宁静"方可致远。

人的大脑活动具有明确的指向性和集中性，即在同一瞬间大脑活动的神经中枢活动中心只能将注意力集中在某一方向。美国科学家的最新研究发现，大脑神经系统中存在一个"瓶颈"区，正是这一特殊区域阻碍了人脑同时处理多项任务的能力，一旦同时处理两项任务，哪怕是非常简单的任务，大脑处理信息的效率都会严重下降，这在神经科学中称作"双任务干扰"。这为人不能同时有效地做两件事提供了科学依据。

荀子论述学习的态度和方法，有两点特别给人留下深刻印象，一是强调一个"积"字，二是强调一个"一"字。所谓"积"就是说要锲而不舍，长期积累。所谓"一"就是要用心专一、专心致志。

荀子讲学习强调一个"一"字，就是要专一、专注。这有两层意思：一是说不要浮躁，不要三心二意。关于这一点孟子也有同样的意思。另一层意思是说学习的内容要专一，不要今天学这个明天学那个。《劝学》篇说"鼫鼠五技而穷"，"鼫鼠"（蝼蛄）有五种技能，为什么还"穷"呢？唐代杨倞的注释说：它会飞却飞不上屋顶，会爬却爬不到树顶，会游泳却不能渡河，会挖洞却藏不住自己的身体，会跑却没有人跑得快。看起来什么都会一点，但没有一样管用，最终还是不能保护自己，所以陷于困窘。就好像一个人学了很多东西，但都是业余水平，没有一项很专业，因此缺乏自己的核心竞争力。虽然我们现在提倡全面发展，但最好还是一专多能，有一个主攻方向。这或许也是我们可以从荀子学习理论中得到的一点启示。

一个人一生只专注于一件事，是事业成功的黄金法则。当一个人倾注全部心力于某一个点时，他极有可能硕果累累，大有成就。正如当太阳光反射在凹面镜上时，所有热都会凝聚于一点，这一点的能量将达到最高，以至于可以燃起辉煌的火焰。

在荷兰，有一个初中刚毕业的年轻人，来到一个小镇，找到了一份替镇政府看大门的工作。也许是工作太轻闲，他又太年轻，他得打发时间。他选择了又费时又费工的打磨镜片的工作作为业余爱好。就这样，他磨呀磨，一磨就磨了60年。他是那么专注和细致，那么锲而不舍，他磨出的复合镜片的放大倍数，比专业技师的都要高。借助他研磨的镜片，他终于发现了当时科技界尚未知晓的另一个广阔的世界——微生物世界。

第六章 锲而不舍
——荀子这样说坚持

从此，他声名大振，只有初中文化的他，被授予巴黎科学院院士的头衔，就连英国女王都亲自到小镇拜会了他。

创造这个奇迹的小人物，就是科学史上鼎鼎大名、活了90岁的荷兰科学家列文虎克。他踏踏实实地把手头上的每一块玻璃片磨好，用尽毕生的心血，认认真真地致力于每一个平淡无奇的细节的完善，终于在他的细节里看到了属于他的"上帝"。

唯有聚精会神地专注于一件事情，专心致志地去努力，才有获得成功的机会。

在《劝学》中，荀子分别从求学与做事的角度说明了这一点：

1. 求学需要专心致志

荀子曰："无冥冥之志者，无昭昭之明。"没有专心致志的思想，就不能洞明事理。

在荀子看来，求学需要专心致志，不能分心过多，否则再怎么勤奋学习也不可能学好。

然而，生活中就是有这样一些人，他们今天学习书法，明天学习音乐，一会儿觉得哲学智慧高深，一会儿又觉得数学思路明晰。然而，在每一种学问上都如蜻蜓点水，浅尝辄止。样样都知道一点，却又都知之不深。看似知识渊博，其实术业不专，学问不精，丝毫不值得恭维。

读书学习，追求博学是一件好事，但是一定要注意学一门要精一门，专心致志，才能探究到深刻精妙的境界。

2. 做事需要专心致志

荀子曰："无惛惛之事者，无赫赫之功。"没有埋头苦干的精神，就没有显赫的功绩。

在荀子看来，做事的道理与求学的道理相同，要想成就一番事业，就必须专心致志。

然而，有些人却急于求成，急功近利，不专注于自己的目标，却关心着别人的成功，不量体裁衣，却人云亦云，今天做点儿这个，明天干点儿那个，到头来，只能一事无成。

荀子提醒我们，不必为自己没有超人的智慧和才华而烦恼，因为，你只要执著于一个目标，专心致志地前行，也一样会取得成功。

其实，世界上许多成大事者都是一些资质平平的人，而不是才智超群、多才多艺的人。因为，那些看似愚钝的人有一种顽强的毅力；有一种在任何情况下都坚如磐石的决心；有一种不受任何诱惑，不偏离自己既定目标的专注力。正是这种专心致志的精神使平庸者最终获得成功，而所谓的聪明人恰恰缺乏这种专心致志的精神而最终导致失败。

专注于某一件事情，哪怕它很小，努力做得更好，总会有不寻常的收获。

一个人没有学历，没有工作经验，但只要有一项特长，一处与众不同的地方，就可能得到社会的承认，拥有其他人不能获得的东西。

有时候，一个人自诩有多种技能，但由于蜻蜓点水，钻研不透，反而不如拥有一项专长的人受青睐。专注于某一件事情，尽力把它做到无可挑剔，我们可能比技能虽多但无专长的人更容易获得成功。

实际上，一个人的时间有限、资源有限、能力有限，想要样样都精，门门都通，决不可能办到。如果想在某一方面做出什么成就，就一定要牢记荀子的教诲——专心致志，这样才有可能获得成功。不管做什么事情，没有坚定的信念，朝三暮四，变化无常，其结果只能是一事无成。

远离浮躁，万事可成

【原典】

荀子曰："蟹六跪而二螯，非蛇蟺之穴无可寄托者，用心躁也。"

【古句新解】

荀子说："螃蟹有六只脚和两个大钳子，可是如果没有蛇、蟮的洞穴，它就没有可安身之处，这是因为它浮躁而不专心的缘故。"

自我品评

浮躁，即心浮气躁，是踏实、沉静的反面。远离浮躁，就是要心无旁骛，专心致志。事情往往就是这样，你越着急，你就越不会成功。因为着急会使你失去清醒的头脑，在你奋斗的过程中，浮躁占据着你的思维，使你不能正确地制定方针、策略，稳步前进。所以，任何一位欲成大事的人都要扼制住浮躁的心态，只有远离浮躁的人，才能够成大事。

古语云："浮躁一分，到处便遭悔恨；诱惑二字，从来误尽英雄。"可见，浮躁之气的确害人不浅。古往今来，受浮躁之气危害的人数不胜数。这些人何以会和浮躁之气纠缠不清呢？关键在于他们的意志薄弱，经不住外界的诱惑。在当今这个社会中，能诱惑人的东西太多了，名利、钱财、美色、权势……人一旦把持不住自己，浮躁就会取代冷静，冲动则取代理性，当人们急急忙忙向这些诱人的东西伸出手去的时候,却因为"无福消受"或是因为心太急,反而落得竹篮打水一场空的下场。

荀子在《劝学》中说:"蚯蚓没有锐利的爪牙、强壮的筋骨,但却能钻入地里吃泥土,钻到地下很深的地方喝泉水,这是因为它用心专一的缘故;螃蟹有六只脚和两个大钳子,可是如果没有蛇、蟮的洞穴,它就没有安身之处,这是因为它浮躁而不专心的缘故。"

在荀子看来,人若心浮气躁,静不下心来做事,将一事无成。

慧能是一个小和尚,师父让他每天早上负责清扫寺庙院子里的落叶。

清晨起床扫落叶实在是一件苦差事,尤其在秋冬之际,每一次起风时,树叶总随风飘落。

每天早上都需要花费许多时间才能清扫完落叶,这让慧能头痛不已。他一直想要找个好办法让自己轻松些。

后来有一个师兄跟他说:"你明天在打扫之前先用力摇树,把落叶统统摇下来,后天就可以不用扫落叶了。"

慧能觉得这是个好办法,于是隔天他起了个大早,使劲地猛摇树干,这样他就可以把今天跟明天的落叶一次扫干净了。一整天慧能都非常开心。

第二天早上,慧能到院子一看,他不禁傻眼了。院子里如往日一样是落叶满地。

师父走了过来,对慧能说:"慧能,无论你今天怎么用功,明天的落叶还是会飘下来。"

慧能终于明白:凡事不能心浮气躁,唯有脚踏实地才能把事情做好,这才是正确的人生态度。

无论办什么事都不可能毫不费力地成功,急于求成,只能是害了自己。远离浮躁确实不易,需要有顽强的毅力,才能做到这一点。

一个年轻人在逛集市的时候,看见一位老人摆了一个捞鱼的摊子。他向有意者提供渔网,捞起来的鱼归捞鱼人所有。这个年轻人一时童

第六章 锲而不舍
——荀子这样说坚持

心大发,蹲下去捞起鱼来。他一连捞破了三张网,一条小鱼也未捞到。见老人眯着眼看自己,似乎在暗自窃笑,他便不耐烦地说:"老人家,你这网做得太薄了,几乎一碰到水就破了。那些鱼又怎么捞得起来呢?"老人回答说:"年轻人,看你也是念过书的人,怎么也不懂呢?当你心生贪念想捞起你认为最美的鱼时,你打量过你手中所握的渔网是否真有那能耐吗?追求不是件坏事,但是要懂得、了解你自己呀!"

"可是我还是觉得你的网太薄,根本捞不起鱼。"

"年轻人,你还不懂得捞鱼的学问吧!这和众人所追求的事业、爱情、金钱都是一样的。当你沉迷于眼前目标的时候,你衡量过自己的实力吗?"

追求超出自己实力的目标,将自己定位过高,这是很多人的通病,也是人心浮躁的一种表现。再看看那些在各个领域的成功者,在他们身上很难找到浮躁之气,也很难发现他们会给自己制定不切实际的目标。他们在行动之前,总会对自己的实力做一番细心衡量,觉得有把握后,才会脚踏实地,一步一个脚印地去实现自己的目标。也正因为此,成功也往往如期光顾。

远离浮躁,则需要做到以下几点:

1. 不可好高骛远

好高骛远,指那种不切实际地追求过高或过远目标的心态。好高骛远者总是盯着很多很远的目标,大事做不来,小事又不做,最终空怀梦想,一无所成。一个人能力有大小,要根据能力大小去做事,确定目标,确立志向。如果客观条件不允许,那么自己就该实事求是,确定合适的发展方向。否则,一味追求高远,不考虑可行性,就永远也不可能成功。

2. 不必心烦意乱

无论做什么事情,心烦意乱之下是难以有所作为的。为了不烦,我们还得耐烦一些,静下心来,正确地认识自己,冷静地把握时机,以长远的目光选择适合自己的目标。

3. 脚踏实地

当目标确定以后，就不能性急，而要一步一个脚印地前行。唯有脚踏实地，才能做好每一件事，也才能成就自己的事业。

4. 将浮躁变为渴望

如果能把浮躁的心态稍稍收敛，使它变成一种渴望，一种对成功的渴望，那么，这种渴望将非常有用，它将带你走向成功。

荀子经常弹琴，以此来修身养性、远离浮躁。毛泽东教导我们说："世界上怕就怕认真二字。"说的就是如果我们能安下心来认真做一件事情，就没有做不好的。我们做事情很多时候都是半途而废，在开始的时候是一腔热血，然后是热情消退，最后完全放弃。是什么原因让我们放弃呢？是浮躁的心理，是急于求成、不愿面对困难的浮躁心理。我们总是在想着事情的最后成果，急于看到我们所做的工作的成果，而这些却不是一天两天能看得出来的，所以我们就觉得这些工作是没有意义的，于是选择了放弃。

事实上，当你控制了浮躁，你才会吃得了成功路上的苦；才会有耐心与毅力一步一个脚印地向前迈进；才不会因为各种各样的诱惑而迷失方向；才会制定一个接一个的小目标，然后坚持着一个接一个地达到它，最终走向大目标。

因此，做事戒浮戒躁，浮躁则必然心浮，心浮就无法深入到事物的内部去仔细研究和探讨事情发展的规律，无法认清事物的本质。心浮气躁，办事不稳，差错自然就会多。千万不要像螃蟹一样，由于心浮气躁，连属于自己的洞穴都没有。要远离浮躁，坚持不懈，万事可成。

第六章 锲而不舍
——荀子这样说坚持

持之以恒，才能取得成功

【原典】

荀子曰："锲而舍之，朽木不折；锲而不舍，金石可镂。"

【古句新解】

荀子说："用刀雕刻东西，刻一下停一下，连朽木也不能刻断；如果一直不放弃，就是石头和金属也能雕刻出花纹来。"

自我品评

一时的激情成不了大器，水滴石穿需要持久，铁杵成针需要坚持，要想实现目标，唯有持之以恒。

荀子担任过稷下学宫的主讲，他这样教诲韩非："做一件事犹如挖一口井，挖掘到九仞深的时候，仍看不到泉水，便轻易放弃，那先前的努力便付之东流。"挖井的目的，不外乎是想挖出泉水，没有泉水，目的便没有达到，倘若就此打住，弃而不掘，只能是半途而废。荀子用掘井的比喻告诫韩非：做事要持之以恒，不可半途而废。

荀子也提醒我们，做任何事情唯有持之以恒才能取得最后的胜利。而一个没有恒心的人，往往会浅尝辄止，最终什么事情也完成不了。

唐代名相魏徵在《谏太宗十思书》中有"善始者实繁，克终者盖寡"之说，细细思量，不足为怪。原因就在于，无论做大事还是小事，难事还是易事，能够"锲而不舍"、坚持到底者终属凤毛麟角。《尚书》讲："为山九仞，功亏一篑"（《尚书·旅獒》）；孟子也说："有为者譬若掘井，掘井九仞而不及泉，犹为弃井也。"（《孟子·尽心上》）做学问、干事业，贵在目标专一、矢志不移，最忌三心二意、见异思迁；贵在持之以恒、永不懈怠，最忌浅尝辄止、一曝十寒，否则必然或是半途而废，或是功败垂成。

当遇到麻烦特别是很棘手的问题时，你一定感到万分无奈和沮丧。这时，你一定要遵循一个非常简单但做起来并不太容易的基本原则——持之以恒。

放弃意味着你甘心弃权，不再有任何奢望和梦想，这必然导致你最终走向失败。永不放弃就要一次一次地尝试，如果你使用的方法不能达到目的，那就尝试其他方法。如果新的方法仍然行不通，再尝试另外一种方法，直到你找到解决问题的方法为止。问题就像一把锁，总有一把钥匙可以将它打开。只要努力寻找，永不放弃，你终会找到解决问题的这把金钥匙。

很多人都有一个远大的理想和目标，并且为之而努力奋斗。他们每一天都用心思考，努力去做，但由于达成目标过于艰难，他们屡战屡败，越来越倦怠、气馁，终致半途而废。而过后他们才发现，如果再咬咬牙多走几步，很快就能到达成功的终点了。

重要的是怎样才能培养出这种不放弃、不气馁的精神。其中一个办法是永远不要把"失败"说出口，一旦你说出失败，你就很可能会说服自己从心理上去接受失败。

美国人海耶士·钟士，是1960年跨栏比赛的风云人物，一场又一场的比赛，一场又一场的胜利，创下了许多纪录，成为体坛上轰动一时的人物。因此，他顺理成章地参加了当年在罗马举行的奥运会。他参加110米栏比赛，全世界人都认为金牌非他莫属。

但出乎意料的是，他并没有取得冠军，而是得个第三名。这对他来说无疑是个极大的打击。他的脑海里闪过的第一个念头就是："我该从此放弃比赛吗？"要再过4年才会有奥运会，也只有那时，他才有再次表现的机会。而且，他已经拥有所有其他比赛的跨栏冠军，没有

第六章 锲而不舍
——荀子这样说坚持

必要再受4年更艰苦的训练。退出比赛看似是最好的选择，因为刚好可以在事业上寻求发展。

很多人都以为钟士会做出这种选择，但海耶士·钟士并没有这样做。"对自己一生追求的东西，"他说，"你不能够事事讲求逻辑，轻易说放弃。"于是，他又开始了艰苦的训练，每天坚持3小时，从不间断。付出就有收获，在接下来的几年里，他在60码和70码高栏项目上再次打破了纪录。

1964年2月22日，在纽约麦迪逊广场花园，他宣布这是他最后一次参加室内比赛。钟士奔向60码的高栏，场内一片寂静，大家的情绪都很紧张，所有人的目光都聚集在他身上。突然一片欢呼声，他赢了，突破了自己以前的最快纪录。钟士走回跑道上，沉默低头站了一会儿，那是他向观众致谢。然后场上17000名观众都起立为他喝彩，钟士热泪盈眶，很多观众也落下了眼泪。一个人遭遇了失败的创伤，依然不放弃自己的梦想，继续苦苦追寻，最后终于取得了成功。那些为他落泪和叫好的人们佩服的就是他这种不服输的精神。

成功之道在于持之以恒，如果不能坚持下去如何能够有所成就。我们都知道，成功者与失败者之间的距离只有一点点。就像人们烧水一样，失败者只把水烧到99摄氏度，而成功者却比失败者多坚持了一会儿，把水烧到了100摄氏度。失败者摔倒后就不会再站起来，他们已经让失败占据了上风，把所有的自信都打碎了。而成功者摔倒后则会立刻站起来，把失败的原因找出来，然后想方设法地去解决这些问题。

有一个成功的企业家说过这样一段话："当你在行走了999步时，你可能会遇到阻碍，但成功往往躲在1000步之后，只要你持之以恒坚持下去，再走一步就是成功。"

1952年，艾德蒙·希拉里攀登世界最高峰珠穆朗玛峰未获成功。他在一次团体演讲上就他的失败说道："珠穆朗玛峰！你第一次打败我，但是我将在下一次打败你，因为你不可能再变高了，而我却仍在成长中！"

第二年的5月，艾德蒙·希拉里成为了第一位登上珠穆朗玛峰的人。

我们的一生中会遇到许多困难，当你在遇到困难时，只要坚持下去就会找到解决困难的办法，就像艾德蒙·希拉里一样，在失败以后，他并没有因此而放弃，而是在成长中坚持着打败珠穆朗玛峰的信念，最终攀登上这座世界最高峰。

半途而废是成功者的大忌。任何事情的完成都不会一帆风顺。总会有许多困难，只有保持持之以恒的决心，坚定不移地贯彻始终，才能最终到达成功的彼岸。所以，我们要记住，只有经历过风雨及种种苦难的考验才能赢取最终的胜利，因此，我们应该拥有持之以恒、决不放弃的精神。永远相信：成功者永不言弃，放弃者永不成功。

第六章 锲而不舍
——荀子这样说坚持

不积跬步，无以至千里

【原典】

荀子曰："不积跬步，无以至千里；不积小流，无以成江海。"

【古句新解】

荀子说："不一步一步地积累，就达不到千里之远；不一点一滴地汇聚，就成不了大江大河。"

自我品评

这是荀子的劝学名言，说明学习没有量的积累，就没有质的飞跃。这不仅对于治学，而且对于我们的工作、我们的人生同样有借鉴意义。

"积"是长期的时间和精力的投入，是反复不断的训练与实践，也就是后人常说的"功夫"。"功夫"一词在汉语中既指时间，同时也指长时间积累的结果。冰冻三尺非一日之寒，那些武术大师的"功夫"是夏练三伏、冬练三九，长年累月"积"出来的。如果"功夫不到家"那就是因为时间花得不够。荀子认为不管学什么，要想学好，都得长期积累。《儒效》篇说"人积耨耕而为农夫，积斫削而为工匠，积反货而为商贾"，农、工、商各行各业，要干得好，都得"积"。同样"君子"、"圣人"也是靠学习"积"出来的："积礼义而为君子"；"积善而全尽，谓之圣人……故圣人也者，人之所积也。"

人的天生材质并无多大差别，即便智商略有高低，后天的积累功夫也可以弥补其不足。这就是荀子所谓"驽马十驾，功在不舍"，俗语

"笨鸟先飞"的含义。这对于激励人们树立自信、努力学习，无疑具有积极的启发意义。后世佛家修道，有所谓"渐"、"顿"二法。

"渐"是"渐修"，就是讲长期修炼积累的功夫；"顿"是"顿悟"，是说一旦灵感爆发，突然开窍，朝彻旦通。这种顿悟的现象有时是会出现，但其实也是建立在长期积累基础上的，是积少成多，量变导致质变的反应。如果平时没有学习积累的功夫，只等着有一天早上醒来会突然大彻大悟，那恐怕只能是一种幻想。

成功之路都是一步一个脚印走出来的，目标的实现不是一蹴而就的。只有拥有一丝不苟地做小事的态度和精神，拥有踏踏实实做小事的决心和恒心，才能做成大事。眼高手低者最终只能一事无成。愚公移山的方法在今天也许显得有些迂腐，但愚公移山的精神在任何时代都是不过时的。

荀子这样告诫韩非："不从半步一步的路程开始积累，就不能到达千里以外的地方；不汇聚小河流，就没有办法形成江河及大海。千里马跳跃一次，也不能到十步那么远。劣马连走十天能走很远的路程，功绩在于它不放弃。刻一件东西如果半途而废，就连腐朽的木头也不能折断，刻一件东西如果持之以恒，就连坚硬的金属和石头也能雕刻出花纹来。"

荀子曰："跬步而不休，跛鳖千里；累土而不辍，丘山崇成。"意思是说半步半步地走而不停止，跛了脚的鳖也能走到千里之外；堆积泥土而不中断，丘山终能堆成。

"跛鳖千里"、"丘山崇成"，都是坚持不懈，从量变到质变的结果。所以，有志之人应该懂得从低处做起，只有这样，才能踏踏实实，一步一个脚印地走向成功。

维斯卡亚公司是20世纪80年代美国最为著名的机械制造公司，其产品销往全世界，代表着当今重型机械制造业的最高水平。许多人毕业后到该公司求职均遭拒绝，原因很简单：该公司的高技术人员爆满，不再需要各种高技术人才。但是令人垂涎的待遇和足以自豪、炫

第六章 锲而不舍
——荀子这样说坚持

耀的地位仍然向那些有志的求职者闪烁着诱人的光芒。

史蒂芬是哈佛大学机械制造专业的高材生,和许多人的命运一样,在该公司每年一次的用人测试会上被拒绝。史蒂芬并没有死心,他发誓一定要进入维斯卡亚重型机械制造公司。于是,他采取了一个特殊的策略——假装自己一无所长。

他先找到公司人事部,提出为该公司无偿提供劳动力,无论公司分派给他任何工作,他都不计任何报酬来完成。公司起初觉得这简直不可思议,但考虑到不用任何花费,也用不着操心,于是便分派他去打扫车间里的废铁屑。

一年来,史蒂芬勤勤恳恳地重复着这种简单却劳累的工作。为了糊口,下班后他还要去酒吧打工。这样,虽然得到老板及工人们的好感,但是仍然没有一个人提到录用他的问题。

90年代初,公司的许多订单纷纷被退回,理由均是产品质量问题,为此公司蒙受了巨大的损失。公司董事会为了挽救颓势,紧急召开会议商议对策。会议进行了很长时间却仍未见眉目,这时史蒂芬闯入会议室,提出要见总经理。

在会上,史蒂芬对这一问题出现的原因做了令人信服的分析,并且就工程技术上的问题提出了自己的看法,随后拿出了自己对产品的改进设计图。这个设计非常先进,恰到好处地保留了原来机械的优点,同时克服了已出现的弊病。

总经理及董事会的董事见到这个编外清洁工如此精明在行,便询问他的背景及现状,而后,史蒂芬被聘为公司负责生产技术问题的副总经理。

原来,史蒂芬在做清扫工时,利用清扫工到处走动的特点,细心察看了整个公司各部门的生产情况,并一一做了详细记录,发现了所存在的技术性问题并想出了解决的办法。为此,他花了近一年的时间搞设计,获得了大量的统计数据,为最后一展雄姿奠定了基础。

年轻人需要有远大的志向,但这志向的实现并非一朝之功,没有基础的积累，就妄想一步登天是不可能的。登天需要阶梯，没有结实的梯子，就算你有孙悟空一个筋斗翻十万八千里的能耐，若没有驾驭云朵的基本功，也会从天上摔下来。

《圣经》上有这样一则故事：

耶稣带着他的门徒彼得远行，途中发现一块旧马蹄铁，耶稣让彼得捡起来，彼得却懒得弯腰，没去理它，于是，耶稣自己捡了起来，然后，在集市上用它换了18颗樱桃。出城后，二人继续往前走，经过茫茫荒野。耶稣猜到彼得渴得够呛，就让藏于袖中的樱桃悄悄掉出一颗，彼得一见，赶紧捡起来吃了，耶稣再掉一颗，彼得就再捡一次，就这样，彼得狼狈地弯了18次腰。之后，耶稣笑着对彼得说："你要是此前弯一次腰。就不会在后来没完没了地弯腰了。"

确实，如果弯一次腰就能解决问题，当然谁都不愿意选择弯18次。彼得之所以会狼狈地弯18次腰，就在于他鼠目寸光，不善于从"小"见"大"，只想到旧马蹄铁是废物，不值得自己弯腰，却没有想到可以用它换钱，然后，用钱来买樱桃。

我们有时候恰恰需要从不被自己看重的事情做起，而且，只有老老实实地"弯下腰"将这些事情做好，才会逐步培养起对它们的兴趣，最终有所收获、有所成就。很多稍纵即逝的机遇，也往往就在弯腰的那一瞬间被拾起。

老子有言："天下难事必作于易；天下大事必作于细。"要知道，你的志向无论多么远大，要实现它，也必须从一点一滴的小事做起。所以，做人千万不能好高骛远，只知抓着那个终极目标不放。有时候，从低处着手，反而更有利于目标的实现。集近成远，集小成大。成功之路就在自己脚下，即使理想再辉煌、目标再高远，如果不脚踏实地去走，终究也会一事无成。

第六章 锲而不舍
——荀子这样说坚持

韬光养晦，坚韧不懈

【原典】

荀子曰："汝庸安知吾不得之桑落之下。"

【古句新解】

荀子说："你怎么知道此时困窘的我将来不会得志于世呢？"

自我品评

儒家积极入世、百折不挠的精神在其创始人孔子和孟子身上体现得最为充分。孔子称："天之未丧斯文也，匡人其如予何？"（《论语·先进》）"天生德于予，桓魋其如予何？"（《论语·述而》）孟子慨然道："夫天未欲平治天下也，如欲平治天下，当今之世，舍我其谁也？"《孟子·公孙丑下》充满着责任感、使命感，而"女庸安知吾不得之桑落之下"则洋溢着乐观与自信。

孔子"藏器于身"、"藏志于怀"，其"女庸安知吾不得之桑落之下"的豪迈最终化为了被奉为"至圣先师"的现实，其孜孜不倦、百折不挠的追求以两千年"儒术独尊"的方式得到了丰厚的回报。

确定目标，韬光养晦

想成就一番大事，必须有坚忍不拔的精神。倘若现在时机还不成熟，显露锐气反而会给自己带来灾难，那就应该收敛锐气，练好韬光养晦的功夫。

所谓"韬晦",就是在时机不成熟时,有效地把自己的实力和意图隐藏起来,等待机会。

麦克唐纳快餐馆的董事长克罗克没读完中学就出来做工,以维持生存。后来,他在一家工厂当上了推销员,生活状况有了明显的改善。他在推销产品过程中结交了许多朋友,积累了大量有关经营管理方面的宝贵经验。后来,他决定创办自己的公司。

通过市场调查,克罗克发现当时美国的餐饮业已远远不能满足已变化了的时代要求,急需改革,以适应亿万美国人的快餐需求。但是,克罗克面临的首要问题就是资金问题,对于一贫如洗的克罗克来说,自己开办餐馆根本就不可能。最后,他终于想出了一个好办法。他在做推销员工作时,曾认识了开餐馆的麦克唐纳兄弟,自己可以到他们的餐馆中学习经验,以实现自己的理想。于是,克罗克找到麦氏兄弟,讲述自己目前的窘境,恳请麦氏兄弟帮忙,最后博得了对方的同情,答应他留在餐馆做工。

克罗克深知这两位老板的心理特点,为了尽早实现自己的目标,他又主动提出在当店员期间兼做原来的推销工作,并把推销收入的5%让利给老板。

为了取得老板的信任,克罗克工作异常勤奋,起早贪黑,任劳任怨。他曾多次建议麦氏兄弟改善营业环境,以吸引更多的顾客;并提出配制份饭、轻便包装、送饭上门等一系列经营方法,扩大业务范围,增加服务种类,获取更多的营业收入;还建议在店堂里安装音响设备,使顾客更加舒适地用餐;他还大力改善食品卫生,狠抓饮食质量,以维护服务信誉;认真挑选店堂服务员,尽量雇佣动作敏捷、服务周到的年轻美貌姑娘当前厅服务员,而那些牙齿不整洁、相貌平平的人则安排到后厨工作,做到人尽其才,确保服务质量,更好地招待顾客。克罗克为店里招徕了不少顾客,老板对他更是言听计从。餐馆名义上仍是麦氏兄弟的,但实际上餐馆的经营管理、决策权完全掌握在克罗

第六章 锲而不舍
——荀子这样说坚持

克的手中。

不知不觉，克罗克已在店里干了六个年头。时机终于成熟了，他通过各种途径筹集到了一大笔贷款，然后跟麦氏兄弟摊牌，最终克罗克以270万美元的现金，买下麦氏餐馆，由他独自经营。克罗克入主快餐馆后，经营、管理更加出色，很快就以崭新的面貌享誉全美，经过二十多年的苦心经营，总资产已达42亿美元，成为国际十大知名餐馆之一。

永不服输，坚韧不懈

亚伯拉罕·林肯总统的成功，是一个最能说明坚持就是成功的实例了。我们先来看看亚伯拉罕·林肯总统的成功历程吧！

1816年，他一家人不幸被赶出了居住的地方，他担起了家庭的重担。

1818年，生活还不稳定的他承受了失去母亲的痛苦。

1831年，林肯十多万美元的积蓄化为泡影，他经商失败了。

1832年，在经商失败后他竞选州议员，这次他又遭受了打击。这时的他不但丢了工作，还背负了债务。

1833年，林肯又向朋友借了一部分钱经商，这次的经商未到一年就破产了，这次的破产又使林肯背负了用17年才能还清的债务。

1834年，林肯成功了一次，他竞选州议员幸运地成功了。

1835年，林肯的爱情得到了确定，在他即将和爱人结婚时，爱人却因病而逝，爱人的离去让林肯伤透了心。一年后，他因为伤心过度精神完全崩溃，在病床上待了6个月才得以康复。

1838年，身体康复的林肯竞选州议会的发言人，但由于他刚刚康复所以被拒绝了。

1840年，通过不断的竞争，他成为州议员候选人，可是他仍遭挫败。

1843年，他鼓起勇气参加全国大选，由于支持者太少，他落选了。

1846年，再一次的大选，幸运女神降临到他的头上，他当选为国会会议员。

1848年，想获取国会议员的连任，但没有得到认可。

1854年，竞选美国参议员，他还是被无情地挡在了门外。

1856年，他竞选美国副总统，得到了不到100张的选票。

1858年，再度竞选美国参议员，已经年近60的他又失败了。

1860年，已经60岁的他当选为美国总统。这次他获得了最大的成功，也是他一生中唯一一次美满的成功。

面对自己的多次失败，林肯总统只说了这样一句话："我的失败只不过是滑了一跤，并不是死掉爬不起来了。"

林肯总统的成功，正是因为他永不放弃、持之以恒的精神。八次竞选次次失败，两次经商也失败，在爱人死后甚至精神崩溃的经历都没有打倒林肯。在许多对候，他本可以放弃，但是他没有放弃，正因为如此，所以他成为了美国历史上最伟大的总统之一。

林肯总统的例子给了我们这样一个启示：只有拥有永不屈服、百折不挠的精神才能获取成功，因为永不屈服、百折不挠的精神正是一个人获得成功的基础。

永不屈服、百折不挠的精神塑造了林肯总统坚韧的生命，让他取得了成功。现在的年轻人，都身怀学识，他们具备了成就事业的各方面的能力，可最后他们仍然不能有所成就，主要原因就是他们缺少了坚持的恒心。在遭遇到一些小困难与挫折时立刻退缩、停止不前，这种情况下如何能取得成功呢？取得成功需要具备两个条件：一是坚定不移的精神；二是忍耐。只有具备了这两个条件才会得到他人的信任，才会在失败以后再站起来。

"有耐心的人，无往而不利。"这是富兰克林说的。塑造坚韧的生命需要特别的勇气，需要对理想和目标的努力追求，同样需要坚持到底、永不放弃的精神。

是的，正如荀子所说："你怎么知道此时困窘的我将来不会得志于世呢？"正是告诫我们，现在的困窘并不代表以后不得志。只要我们有明确的目标，有坚持不懈的精神，困窘只不过是暂时的。

第六章 锲而不舍
——荀子这样说坚持

失败是成功之母

【原典】

荀子曰:"居不隐者思不远,身不佚者志不广。"

【古句新解】

荀子说:"处境不窘迫的人往往不能高瞻远瞩,没经历失败挫折的人往往志向狭小。"

自我品评

诸葛亮的《诫子书》可作为本句最好的诠释,兹录《诫子书》全文如下:夫君子之行,静以修身,俭以养德。非淡泊无以明志,非宁静无以致远。夫学须静也,才须学也,非学无以广才,非志无以成学。淫慢则不能励精,险躁则不能治性。年与时驰,意与日去,遂成枯落,多不接世,悲守穷庐,将复何及!

有成功就有失败,有失败同样也会有成功。成功与失败是相辅相成的。一个没经历过失败的成功者,是很难守得住现有的成就的。

我们常常说:失败是成功之母。但是这句话的真正含义也只有那些具有积极心态、意志坚强、自信主动的人才能真正地领悟。

每个人都会遭遇不同的挫折,我们不可能避免这些挫折的缠绕,因为我们始终有自己追求的目标、前进的方向。追求的目标越高,受到的挫折压力也就越大,这是成功者们都经历过的,也是我们所要面对的。

挫折对于那些意志消沉的人来说是灭顶之灾，而对于那些领悟了失败是成功之母所包含的意义的人来说，挫折只会把他们锻炼得更加成熟而坚强。

一位成功者充满自信地说过："失败意味着三种情况，一是我们选择的路不通；二是某种原因的阻碍，只是我们还没找到；三是差一点儿坚持。"是啊，失败并不是死亡，失败与成功只是相隔一线。即使当前失败了，只要有再来一次的勇气，获得成功并不是难事。

没有经历过痛苦与磨难的人，他的人生是不完整的。世上没有任何一个幸福之人不曾经历过挫折与困难，也没有任何一个成功者的伟大成就没经历过失败与磨难。翻开那些伟大成功者的历史，就可以见证他们经过了多少风吹雨打，吃过了多少酸、苦、辣。

未曾有过失败的成功不是真正的成功，因为只有经过一次次的失败才能积累起获取成功的经验。所以失败是通往成功路上必须经历的一道坎，跨过这道坎成功就会到来。丘吉尔说过一句至理名言："被克服的困难就是胜利的契机。"的确，伟大的成功都是在无数次的失败以后才得到的。

这是个成功者的故事，也是一个失败过18次的故事。莎莉·拉菲尔是美国著名的广播员，在她30年的广播职业生涯中，她被辞退过18次，可是18次的失败换来了她更大的成就。

每一次的失败都会使莎莉鼓起勇气，再一次让自己放眼于更高处，确立比上次更大的目标。正因为她这种折不断、压不弯的意志，让她获得了两次重要主持人奖项。莎莉这样讲述自己的失败经历："我曾经被辞退过18次，在这18次辞退中，我曾想过退出，但我坚持走了过来，我反而让它们成为鞭策我勇往直前的一种动力。"

天下哪有不劳而获的成功？如果能利用种种挫折与失败，来促使你更上一层楼，那么一定可以实现你的理想。看过世上那些伟人传记的人一定会知道，他们的功业彪炳史册，但都经受过一连串的无情打击。只是因为他们坚持到底，才终于取得辉煌成果。

第六章 锲而不舍
——荀子这样说坚持

"失败是为了下一个成功。"这是拿破仑说的话。成功固然重要,但是失败的经历也同样重要。只有在失败之中才能找到获取成功的经验。每个经历过失败的人都把失败的经验总结再总结。失败的经验,给我们提供了许多宝贵的东西,让我们知道了如何让未来的生活过得更有意义。

有一部分失败者,他们对自己的失败总是怀痛在心,看到相似的人或事时,他们会想起那段不快乐的事;有人提起时,总是会令他们无法克制自己的情绪,让自己又一次掉入深渊,让那些失败的痛苦一直消磨着自己的意志。

失败往往有唤醒睡狮、激发人潜能的力量,引导人走上成功的道路。爱迪生说过:"我喜欢成功的感觉,但是失败也是我需要的,对于我来说成功与失败都具有同样的价值,只是它们的取向不一样。只有在我失败以后,我才能找到成功的方法。"这是他在许多次失败以后总结出的一条宝贵经验。从他的话中,我们应该得到这样的启示:只有不害怕失败,深知失败意味着什么,才有可能获取成功。成功之路有千万条,而勤奋、思考、钻研是一把打开成功之门的金钥匙。

医学家李时珍,不仅救死扶伤,还花了一生的心血写了一本流传千古的《本草纲目》。但在这成功的喜悦下,有谁能想到李时珍为了写《本草纲目》付出了怎样的艰辛?他不畏严寒酷暑,走遍了祖国的名山大川,采集了许多从未使用过的稀有药材。有一次,李时珍从古书上读到:大豆可以解毒。于是,为了实际验证,他先给小狗吃了毒药,再给它吃大豆解毒,可结果小狗还是死了。李时珍决定亲身试验,以便做出正确的判断。家人都十分为他担心,劝他不要冒险,可李时珍毫不畏惧,毅然吞毒,待毒性发作后,让家人给他吃大豆解毒。经过多次试验和反复的钻研,他终于验证了,大豆确实可以解毒,但是必须加上甘草,解毒功效才能发挥出来。

每个人的成功之路都不可能一帆风顺,都会走一些弯路,都要为成功付出一定的代价,这个代价就是失败。成功的人也会失败,但他们之所以是成功者，就在于他们失败后不是为失败而哭泣流泪，而是从失败中总结教训，并从失败中站起来，发愤上进，终究取得成功。

失败，是人生路上的障碍，是人生的一门深奥科学。它可以把弱者的精神摧垮，把弱者的脊梁压弯；但也可使强者的灵魂再生，使强者的事业走向顶峰。

荀子曰："居不隐者思不远，身不佚者志不广。"当我们遭受失败后，一味地自责、抱怨或者偃旗息鼓甚至自暴自弃，都是不可取的。其实，没有谁可以随随便便成功，不经历风雨是不可能见到彩虹的。所以说，失败应该是成功的母亲，只有积累了一块一块的失败砖石，才能垒成成功之塔。

第七章 物至而应

——荀子这样说应变

荀子曰："物至而应，事起而辨，若是则可谓通士矣。"意思是说，能够随机应变，灵活处理各种复杂情况，如此堪称为通达事理之士。临危不乱，处变不惊，是一种能力的表现，是一种智慧与博学的体现，是一种儒雅的大将风度。

第七章 物至而应
——荀子这样说应变

泰山崩于前而不惊

【原典】

荀子曰:"物至而应,事起而辨。"

【古句新解】

荀子说:"事情来了能应对自如,事情发生了能妥善处理。"

自我品评

人的一生,很多时候都风平浪静并不会有太大的变故,但也会不可避免地遇到危险和紧急的情况。往往这个时候,一个人如何行事,就能反映出他修养的高低。

生活中,我们不可避免地会遇到一些突发事件,当你遇到紧急的事情时,是否能像荀子所说的那样,做到临危不乱,随机应变呢?事实上,我们大多数人都做不到这一点,即使是芝麻大的小事,也慌慌张张、冒冒失失,就像天要塌下来似的。

完全没有必要这样,任何时候都不能够乱了阵脚,你越紧张就越想不出办法,反而会让问题变得更加复杂,甚至衍生出更多不必要的麻烦。

在荀子看来,面对突如其来的事情,我们要做的第一件事,便是将情绪稳定下来,这样才能镇定地想出解决的方法。

云居禅师每天晚上都要去荒岛上的洞穴坐禅。有几个爱捣乱的年轻人便藏在他的必经路上,等到禅师过来的时候,一个人从树上把手垂下来，扣在禅师的头上。

年轻人原以为禅师必定吓得魂飞魄散，哪知禅师任年轻人扣住自己的头，静静地站立不动。年轻人反而吓了一跳，急忙将手缩回，此时，禅师又若无其事地离去了。

第二天，他们几个一起到云居禅师那儿去，他们向禅师问道："大师，听说附近经常闹鬼，有这回事吗？"

云居禅师说："没有的事！"

"是吗？我们听说有人在晚上走路的时候被魔鬼按住了头。"

"那不是什么魔鬼，而是村里的年轻人！"

"为什么这样说呢？"

禅师答道："因为魔鬼没有那么宽厚暖和的手呀！"

他紧接着说："临阵不惧生死，是将军之勇；进山不惧虎狼，是猎人之勇；入水不惧蛟龙，是渔人之勇；和尚的勇是什么？就是一个字：'悟'。连生死都已经超脱，怎样还会有恐惧感呢？"

毋庸置疑，临危不乱，处变不惊，是一种能力的表现，是一种智慧与博学的体现，是一种儒雅的大将风度。在任何时候，我们都应该以一种平和的心态来面对各种紧急情况，只有这样，我们才能够把事情处理得妥当圆满。

能在意外变故的惊吓和美好事物的诱惑面前面不改色、毫不动心，那么这样的人即使不能有一番非常大的作为，也必将能干大事。没有这种心理素质，就会心神不宁，患得患失，这样怎么能在混乱中抓住先机，寻找正确的出路呢？

如果你真想学本事，那么就尝试着让自己高兴时不要得意忘形，碰到难题时也不要急得跺脚，不管别人说什么做什么，都不要急于表达自己的意见，冷静应对，给自己充分的思考时间，那么自然能理智地应对事物，自然不会把喜怒挂在脸上了。

与人交往，伤害别人总是那么短暂的一瞬间；做事决策，错误的总是细微的失误。一个人难的不是偶尔做事谨慎，而是一贯如常。

第七章 物至而应
——荀子这样说应变

我们的喜怒情愫能影响周围的人，甚喜时炫耀自我，甚怒时迁怒于人，恐怕世人皆有吧！所以说不形于色是要做到常态，而不能仅凭一时之兴。

北宋苏洵在其作《心术》中说："泰山崩于前而不变色，麋鹿兴于左而目不瞬，然后可以制利害，可以待敌。"世界上很少有人能保持天塌下来也不惊慌的心态，所以成功的人总是少数。

一个临危不乱、处变不惊的人，在遇到变乱之时会勇敢地面对现实，从容不迫地接受一切，而不是丧失斗志，听天由命。

荀子反对"天命论"，主张"人定胜天"。他认为，人那种悠闲镇定的心态和行为，并不是天生就有的，而是后天修养的结晶。缺少了这种修养，遇变乱之事，就会一败涂地；拥有了这种修养，则会镇定自若地处事应变。

荀子还具有长远的眼光，他认为，在无变乱时，就要有提防之心，居安思危，如此，才能防止意外变故的发生。

遇到突发事件，千万不能慌乱，要冷静机智地去处理，在短时间内分清利害，找准最正确的路径，从而化危机于未萌。生活中，许多人在遇到危急的情况时，总是以激烈的情绪来应对，但事实上，这样不仅不能解决问题，反而会使问题变得更加复杂。所以，面对突如其来的事情，我们首先要做的是镇定。

能屈能伸方为智者

【原典】

荀子曰:"君子与时屈伸,柔从若蒲苇,非慑怯也。"

【古句新解】

荀子说:"君子适应时势能屈能伸,柔顺得像蒲苇一样,这不是胆小怕事。"

自我品评

人应根据时势,需要屈时就屈,需要伸时就伸。屈于应当屈的时候,是智慧;伸于应当伸的时候,也是智慧。屈是保存力量,伸是光大力量;屈是隐匿自我,伸是高扬自我。屈伸之道是一种智者的处世智慧,没有一定的修养是难以做到的。

荀子十分赞赏宁武子,认为他那种聪明的表现别人还能做到,而他在乱世中为人处世的那种包藏心机的愚笨表现则是别人难以做到的。

宁武子是春秋时卫国有名的大夫,姓宁,名俞,武是他的谥号。

宁武子经历了卫国两代君王的变动,由卫文公到卫成公,两个朝代国家局势完全不同,他却安然做了两朝元老。

卫文公时,国家安定,政治清明,他把自己的才智能力全都发挥了出来,是个智者。

卫成公时,政治黑暗,社会动乱,他仍然在朝中做官,却表现得

第七章 物至而应
——荀子这样说应变

十分愚蠢鲁钝，好像什么都不懂。但就在这愚笨外表的掩饰下，他为国家做了不少事情。

当然，荀子提醒我们在恶劣的环境里要柔顺得像蒲苇一样，不是向环境屈服，不是真的浑浑噩噩，更不是改变自己的信念和操守，而是以退为进，以愚守智，不去做无谓的牺牲，不去授人以柄，而是麻痹对方，养精蓄锐，等待时机。

管仲，生于世风日下的东周末期，他不得志时，曾三次上战场都败北而逃，和朋友鲍叔牙一同经商，常多取一分利益，他的朋友鲍叔牙并未因此看轻他，知他家贫，要留下性命做大事。后他见齐桓公，齐桓公问他富国强兵之道，他开口就说："礼义廉耻，国之四维，四维不张，国乃灭亡。"

其实管仲心中藏有很大的原则、很高的见识。后来他辅佐桓公九合诸侯一匡天下，多用权术。领兵伐楚之时，仅责其未贡包茅给周朝廷，因为他知道，责楚以一件小事，大家才好退兵。否则真正打起来，齐也赢不了楚。再后来，齐桓公生活越来越奢侈，他也跟着越来越奢侈，意思是要为主公"分谤"，不能让老百姓都只责备桓公。

齐桓公亲近易牙、竖刁、开方三个小人，每日沉溺女乐，管仲也不谏阻。他说，人君大权在握，难免要图些享受，势难阻止，只要在施政方面还能照顾人民，也能信任臣下去做，其个人的沉溺不必太去干涉，免得君臣之间闹僵了，反而坏了事情。

直到临死之时，才劝桓公远离那三个小人。桓公问他为何从前没说。管仲说，我知主公喜欢他们，只要我在，那三个人大概也不会作乱，所以我也不必阻止主公亲近他们。但我快要死了，主公宜自己小心。

在现实生活中，大的政治环境、社会环境是正常的、清明的，但也难免遇到小环境不好的情况。比如，有的单位人际关系很复杂。在这种情况下，你不妨"愚钝"一些，不去说三道四，不锋芒毕露，不四处树敌，不卷入人际关系的是非之中。如果实在不行，三十六计，走为上。再如，生活中发现了坏人坏事，不要鲁莽地硬碰硬，而是要冷静以对，通过有利于保护自己的渠道与坏人坏事作斗争。

事实上，荀子并不是教我们耍诈，而是教我们在恶劣的环境中如何既坚持正义，又保护自己。

有一位图书情报专业毕业的硕士研究生小陈，被分到上海的一家研究所工作，从事标准化文献的分类编目工作。他认为自己是学这个专业的，自然比那些原班人马懂得多，刚上班时，领导也摆出一副"请提意见"的派头，这种气度让他受宠若惊，于是工作伊始，他便提出了不少意见，上至单位领导的工作作风与方法，下至单位的工作程序、机制与发展规划，都一一综列了现存的问题与弊端，提出了周详的改进意见，领导点头称是，同事也不反驳。

可结果呢，不但没有一点儿改变，他反倒成了一个处处惹人嫌的人，被单位掌握实权的某个领导视为狂妄、骄傲乃至神经病，一年多竟没有安排他具体做什么事。

后来，一位同情他的老太太悄悄对他说："小陈哇，我当初也同你一样，使我一辈子抬不起头，你还是换个单位吧，在这儿你把所有的人都得罪了，别想有出息。"

这位研究生只好炒领导的鱿鱼，跳槽了。

临走时，领导拍着他的肩膀说："太可惜了！我真不想让你走，还准备培养你当我的接班人哩！"那位研究生一边玩味着"太可惜"三个字，一边苦笑着离开了。

大巧若拙，大勇若怯，为人处世善于隐藏者，比之锋芒毕露者，不知高明多少倍。故事中的青年，正是由于不懂得屈伸之道，才忘记了谦逊和隐藏锋芒，最终自己害了自己。

荀子借用《诗经》中的话总结说："左之左之，君子宜之；右之右之，君子有之。"该向左就向左，君子能适应它；该向右就向右，君

第七章 物至而应
——荀子这样说应变

子也能适应它。荀子说，为人处世达到这样的境界，也就掌握了与时屈伸的处世之道了。

的确，假若你聪明能干，在环境好的情况下，可以尽情发挥；可在环境恶劣时，如果聪明过分显露，就可能招致灾祸。环境恶劣时，应该将聪明隐藏起来，从而有效地保护自己，减小外界的阻力，不露声色地做些踏踏实实的事情。因此说，想成大事，能屈能伸助你顺利获得成功。

避己之短，扬己之长

【原典】

荀子曰："无用吾之所短，遇人之所长，故塞而避所短，移而从所长。"

【古句新解】

荀子说："不要用自己的短处，去应对别人的长处。所以，遇到阻碍时就要回避自己的短处，一有举动，就要尽量发挥自己的长处。"

自我品评

能够利用自己的长处，避免自己的短处，善于变化，充分发挥自己的聪明才智，使自己处于有利地位，就容易获得成功。

有一天，齐王要田忌和他赛马，规定每个人从自己的上、中、下三等马中各选一匹来比赛，并约定，每有一匹马取胜可获千两黄金，每有一匹马落后要付千两黄金。当时，齐王的每一等次的马比田忌同等次的马都要强，因此，如果田忌用自己的马与齐王同等次的马比赛，则田忌必败无疑。

但是结果田忌并没有输，反而赢了一千两黄金。这是怎么回事呢？原来，在赛马之前，田忌的谋士孙膑给他出了一个主意，让田忌用自己的下等马与齐王的上等马比，用自己的上等马与齐王的中等马比，用自己的中等马与齐王的下等马比。田忌的下等马当然会输，但是上等马和中等马都赢了。

第七章 物至而应
——荀子这样说应变

还是同样的马匹，由于调换了一下比赛的出场顺序，就取得了转败为胜的结果。之所以如此，正是因为田忌运用了扬长避短的策略。

我们每个人都有自己的短处，也都有别人不具备的长处。充分发挥自己的长处，就容易取得成功。即使是能力不强，或者智力、体力上有缺陷的人，也有他人所不及的长处，一样可以通过努力取得成就。

然而令人惋惜的是，生活中有这样一种人，他们往往没有将自己的才干发挥在他们能做得最好的工作上，而是将他们的才干用错了地方。这也就是为什么许多人本应获取成功，而实际上却碌碌无为的原因。

如果撇开了自己最擅长的工作不干，便等于抛弃了自己所拥有的最重要的竞争优势。在别的工作上，即使自己努力克服弱点，至多也不过使自己得到一个"业余专家"的美称。

荀子并不赞成这样做，他主张在自己擅长的领域中力求专精。由此就要求我们注意以下几点：认清自己真正的才能；以自己最擅长的方面为基础，去谋求最佳的发展；不断学习，不断吸收新的知识，与时俱进，充实和提高自己。

从前，西西里有位国王叫里昂提斯，他的皇后赫米温妮既美丽又贤慧，两人相处得非常和睦。

有一次，里昂提斯邀请自己的老朋友——波希米亚国王波力克希尼斯来西西里做客。他吩咐皇后赫米温妮要殷勤地招待他的老朋友，皇后按他的意思盛情款待了客人。波力克希尼斯住了好久之后，准备回去了。赫米温妮又应丈夫的要求与他一起真心挽留客人多住一些日子。波力克希尼斯为赫米温妮的好客和温柔委婉的话所打动，便决定再多住上几个星期。于是悲剧就开始了。

尽管里昂提斯国王清楚赫米温妮对波力克希尼斯的热情和殷勤都是自己所关照的，但是，一种难以克制的嫉妒心逐渐在他心中暴露出来，竟然怀疑皇后对他不忠，与他的朋友有暧昧关系。本来是亲密忠实的朋友、最体贴入微的丈夫，现在忽然变成了野蛮的、没有人性的怪物。

他密令大臣卡密罗去毒死波力克希尼斯，卡密罗知道国王被嫉妒心冲昏了头，他悄悄地告诉了波力克希尼斯实情，并帮助他逃离了西西里，里昂提斯国王更加生气，就把全部的怒火发泄到皇后赫米温妮身上。他下令把皇后关到大牢里，给予种种折磨。

皇后身怀六甲，进了监牢不久便生下一个女儿。皇后希望娇弱可爱的新生命能够打动国王，但国王不但没有任何怜悯之意，反而命人把孩子扔到荒僻的海岸抛弃掉。不仅如此，残忍的国王还当着全体大臣的面公审皇后，决定判她死罪，这时，由于对母亲受辱一直闷闷不乐的王子终因忧虑过度而死去，皇后也受刺激昏迷倒地，但国王仍无动于衷，叫臣下暂时把皇后带下。

在此情况下，皇后知道自己不死，国王不会放过她，于是与一直帮助她的好心人宝丽娜商议避难之策。宝丽娜出了一个主意，叫皇后装作死去，然后她去把这个消息告诉国王。

国王听说皇后死了，这才有点醒悟，开始后悔自己对皇后太残忍了。现在他想一定是他的虐待使赫米温妮感到世无明日，于是他相信她是清白无辜的了，从此，国王陷于深深的悔恨之中凄凉地苦度着岁月。

皇后的女儿被一位牧羊人救走抚养成一个美丽的姑娘。牧羊人根据她身上所带的宝石，送她到西西里去与父亲里昂提斯相识，女儿长得与她的母亲几乎一模一样，因此，里昂提斯一见自己的女儿，既高兴又伤心，他伤心自己错怪妻子，悔恨自己将妻子虐待致死，里昂提斯高兴的是，女儿终于没有被自己害死，现在父女团圆之际，不由得更加思念起善良的妻子来。

目睹了这一切的宝丽娜也不禁被这个情景所感动，她觉得国王已经真正后悔，他也受到了足够的惩罚，应该把真情公开出来了。于是，她把隐居多年的皇后赫米温妮叫出来，说出了真相，让他们夫妻、母女相见。国王激动万分，真诚地请皇后原谅他的过失，从此诚心改正，一家人又像从前那样和睦、欢乐。赫米温妮虽然受了许多年苦，但终

第七章 物至而应
——荀子这样说应变

于得到了补偿。

赫米温妮皇后为了保全自己的性命，避免进一步的迫害，不得不暂时装死，直到国王醒悟，情况不再危及自己的性命，再露出真相，从而达到夫妻破镜重圆的目的。

在无法赢取竞争对手的情况下，不妨故意先输他一把，在对手消停下来之后，迅速出击，战胜他。这就是人们常说的扬长避短的行事谋略，也是自我保护的应变韬略之术。

毫无疑问，人的先天条件是有差别的，有的人天资聪颖，有的人天生反应迟缓；有的人用一小时就能学会的知识。而另一些人也许花一天也学不会。要承认这种先天的差别。一个人越早发现和正确判断自己能力的水平，就越能找到自己所处的最佳位置，及早做出正确判断，把精力用于自己擅长的方面，也许能成为这个领域的佼佼者。

未雨绸缪，有备无患

【原典】

荀子曰："先事虑事，先患虑患。"

【古句新解】

荀子说："在事情发生之前就要对事情有所考虑，在祸患发生之前就要对祸患有所考虑。"

自我品评

所谓"未雨绸缪"，即趁着天还没有下雨，先把窝巢缠绑牢固。比喻事先做好准备，防患于未然。人宜远虑，历来为儒家所重视。

武王灭纣后，封管叔、蔡叔及霍叔于商都近郊，以监视殷遗民，号三监。武王薨，成王年幼继位，由叔父周公辅政，致三监不满。管叔等散布流言，谓周公将不利于成王。周公为避嫌疑，远离京城，迁居洛邑。不久，管叔等人与殷纣王之子武庚勾结行叛。周公乃奉成王命，兴师东伐，诛管叔、杀武庚、放蔡叔，收殷余民。周公平乱后，遂写一首《鸱鸮》诗与成王。其诗曰："趁天未下雨，急剥桑皮，拌以泥灰，以缚门窗。汝居下者，敢欺我哉？"周公诗有讽谏之意，望成王及时制定措施，以制止叛乱阴谋。成王虽心中不满，然未敢责之。

后来，大家把这几句诗引申为"未雨绸缪"，意思是说做任何事情都应该事先准备好，以免临时手忙脚乱。

孔子云："人无远虑，必有近忧。"人如果不考虑长远，那么忧患一定会在近期出现。

概括而言，荀子的话中，包含了两层含义。

(1) 先事虑事

荀子曰："先事虑事谓之接，接则事优成。"在事情发生之前有所考虑的叫做迅速，迅速则事情就能圆满完成。

正如《礼记·中庸》中所说："凡事预则立，不预则废。"无论做什么事，事先要有所准备才能成功，否则就会失败。

凡事应未雨绸缪。否则，平时不做充分的准备，当事情发生之后才去想应对之策，显然太晚。"平时不烧香，临时抱佛脚"，临渴掘井，往往事与愿违。

做学问，书到用时方恨少，是由于平时读书太少所致；干事业，到手的机遇抓不住，往往是因为平时没有做充分准备。

荀子说："事情来了之后才考虑的叫做落后，落后事情就办不成。"

所以，凡事做好充分准备，才能有备无患。

除此之外，"先事虑事"还包含着一种"事先筹划"的意思。做事情要周全，事先预定一个完整的计划，事情就容易办成。

(2) 先患虑患

荀子曰："先患虑患谓之豫，豫而祸不生。"在祸患发生之前对祸患有所考虑的叫做预见，有预见祸患就不会发生。

其实，荀子这里所说的是一种"居安思危"的忧患意识。所谓"居安思危"，即在安定的环境里，要考虑到有可能出现的危难。

生活中，许多因素并不是人可以完全把握的，祸患、灾难随时都有可能发生。所以，人们在安定的时候，应保持谨慎，对此应有所预见，有所警惕并有所防备，以免在灾祸来临之时，因自己毫无防备而措手不及，轻则摔跤跌倒，重则招致灭顶之灾。

荀子举例说："修、鲦这两种鱼，喜欢浮出水面晒太阳。在沙滩上搁浅后又想回到水中，那么就来不及了。遭遇祸患后才想谨慎，也就没有什么可补益的了。"

荀子又说："祸患来了才考虑的叫做穷困，穷困则祸患就无法抵挡。"

人不能居安思危，往往就会麻木地陶醉在一种舒适的生活中，幻想自己的生活永远风平浪静。显然，我们不能坐等危机的到来，而应先患虑患。

狡兔三窟本来是指兔子在生存过程中为了对付天敌而自然形成的一种本能之术。说的是狡猾的兔子往往有好几个藏身的洞穴，以便于逃避灾祸。将狡兔三窟之术运用于社会生活的，当首推冯骥。

冯骥，又称作冯谖，战国时齐国贵族孟尝君门下的食客，此人虽无显赫功名，但见识深远，谋事有方，是位智慧过人的奇才。冯驭衣食无着，投靠于权门之下时，本来胸有奇才，但并不自夸自诩，相反，却自称"无好"、"无能"。结果，孟尝君家的管家将他列入最低等的门客，给他粗劣的饮食。冯骥不服气，几次发牢骚，于是，孟尝君把他从下等门客升到中等门客，又从中等门客升到上等门客，受到器重后，冯骥决计报效孟尝君。一次，冯骥自告奋勇要求到孟尝君的封地薛城为其收债。到了薛城，冯骥不但没有催逼百姓们还债，还以孟尝君的名义把带去的债券当着债户的面全部烧了，老百姓欢呼雀跃。冯骥空手而归，一大早求见孟尝君。孟尝君见他如此快就回来了，很是奇怪，问冯骥收到债后买些什么回来了。冯骥回答道："你说让'买你家缺少的'，我考虑后觉得你家什么都不缺，唯独缺的是'义'，我就为你买了'义'。"

孟尝君听后心里很不高兴，但为了顾全面子，没有说什么。一年后，齐闵王听信谗言，免去了孟尝君的相国职务。孟尝君只好回到自己的封邑薛城。没想到，薛城的老百姓扶老携幼，到半道来迎接他。望着欢迎的人群，孟尝君才恍然大悟，对冯骥说："先生为我买的'义'，今天才真正看到了。"这时冯骥又进言："狡兔有三窟，才能幸免于死。如今公子仅有一窟，还不能高枕而卧，请让我为您再营两

第七章 物至而应
——荀子这样说应变

窟。"孟尝君听后一阵惊诧。冯骥接着说："请公子借我高车使用数日，我要让齐王在不远的将来，重新任公子为相。"

当时，孟尝君在各国中的声望较高，各国为了争雄天下，都渴望人才归附。冯骥就带车五十乘、金五百斤，去魏都大梁（今河南开封）游说梁惠王，说齐国放逐大臣孟尝君到各诸侯国去，谁先得到他，谁就能富国强兵霸天下。梁惠王立即把原来的宰相调去任大将军，派使者带黄金千斤，车百乘，前往聘请孟尝君到魏任宰相。冯骥又先行一步赶回来告诉孟尝君，要他含蓄推辞，以便让齐闵王知道此事。

孟尝君依计，梁惠王的使者跑了几趟，也未应允。齐闵王果然得知了梁惠王重金聘请孟尝君的事，大臣们也很惊恐，害怕孟尝君为他人所用对齐国不利，于是，齐闵王再次起用孟尝君。这时，冯骥又给孟尝君出主意，要他让齐闵王用先王传下的祭器，在薛城建立宗庙，这样可以进一步巩固孟尝君的政治地位。宗庙修成后，冯骥告诉孟尝君，三个窟都建好了，你可以高枕无忧了。本来罢相遭逐的孟尝君，因冯骥的狡兔三窟之术，复掌相国大权，声威更加显赫。

从冯驭为孟尝君智营三窟可以看出，狡兔三窟主要是为了应付多变的政治风云而采用的权术。它启发了人们，事不可做绝，多留条后路。从这个意义上说，该应变术带有较大的贬义性质。然而，狡兔三窟也包含着做多手准备，有备无患，留有余地，以防意外等义，这在政治、经济乃至整个社会生活中，是有积极意义的。

应变就是要在事情发生之前就有所考虑，事情才能圆满完成；在祸患发生之前有所考虑，祸患就不会发生。未雨绸缪，有备才无患。

与世并行，接物随世

【原典】

荀子曰："君子能以义屈信变应。"

【古句新解】

荀子说："君子能够应时而变、进退自如。"

自我品评

"君子时诎则诎，时伸则伸"，融原则性与灵活性于一身，通权达变、与时偕行、进退自如，这是君子人格的表现，孟子就盛赞"伯夷，圣之清者也；伊尹，圣之任者也；柳下惠，圣之和者也；孔子，圣之时者也"。（《孟子·万章下》）

已成为流行语的"与时俱进"一词有着深厚的传统文化底蕴。传统文化既主张坚持原则、坚守道义，也强调与时屈伸、待机而动。比如充满辩证智慧的《周易》一书就反复强调要"与时偕行"：

《乾·文言》："终日乾乾，与时偕行"；"亢龙有悔，与时偕极。"

《逐·象辞》："刚当位而应，与时偕也。"

《损·象辞》："损刚益柔有时，损益盈时，与时偕行。"

《益·象辞》："凡益之道，与时偕行。"

《丰·象辞》："日中则昃，月盈则食，天地盈虚，与时消息，而况于人乎？况于鬼神乎？"

《小过·象辞》："过以利贞，与时行也。"

第七章 物至而应
——荀子这样说应变

荀子主张与世并行，接物随世。除本篇外，在《非相》、《效儒》两篇中均有"与时迁徙，与世偃仰"之语，"迁徙"意为变化，"偃仰"意为俯仰。所谓"与时"，就是要善于适应时势变化，审时度势，时可废则废，时可兴则兴，即《周易》所谓"君子藏器于身，待时而动"（《周易·系辞下》）。与时偕行、待时而动展现出中国文化自强不息的创新精神。

在《不苟》篇中，荀子指出"君子以义屈信变应"，这里荀子又强调"与时迁徙，与世偃仰"，认为随世而迁、与时俱进是圣人的特点。

当然，"与时迁徙，与世偃仰"不是说要像墙头草一样随风倒，更不意味着人就可以自暴自弃，甚至同流合污、为虎作伥，"迁徙"、"偃仰"是以"义"为原则的，是以坚持原则为前提的。

例如，春秋战国时期贤士奔走列国，"良禽择木而栖，良臣择主而事"，"用之则行，合之则藏"（《论语·述而》），但与此同时，"道"却是士人进退仕隐的原则和标准：

《论语·泰伯》："危邦不入，乱邦不居。天下有道则见，无道则隐。"

《论语·宪问》："邦有道，谷。邦无道，谷，耻也。"

《论语·卫灵公》："邦有道则仕，邦无道则卷而怀之。"

因而，对君子而言，最重要的莫过于修身养性、"守死善道"（《论语·泰伯》），养精蓄锐，待时而动，如孟子所谓"穷则独善其身，达则兼济天下"（《孟子·尽心上》）。白居易在给友人的信中也语重心长地写道：大丈夫所守者道，所待者时。时之来也，为云龙，为风鹏，勃然突然，陈力以出；时之不来也，为雾豹，为冥鸿，寂兮寥兮，奉身而退。进退出处，何往而不自得哉？故仆志在兼济，行在独善（《白居易与元九书》）。由此可见，"与时迁徙，与世偃仰"、"以义屈信变应"已成为古人的行为准则。

面对日益激烈的竞争现状和社会的快速发展，我们更应该与时俱进，顺应时代，这样才能立于不败之地。

社会生活的发展变化，不断要求企业适应社会的发展。如果一个企业始终生产一种产品，即使这种产品是一种王牌，也会逐渐失去自己的市场。这就要求经营者要懂得与时俱进。

　　英国 GKN 公司始创于工业革命开始时期，到 19 世纪末，发展成为世界最大的钢铁企业之一。但是，随着钢铁工业的国有化，GKN 公司失去了主要支柱产业，只剩下一个空壳。

　　GKN 何去何从？围绕着 GKN 的前途问题，公司的高层管理人员争论不休。霍尔兹沃恩当时在 GKN 公司内任会计师，有幸参与了这场争论。在经过缜密的调查后，霍尔兹沃恩谨慎地向 GKN 公司董事会呈交了一份有关公司发展前途的战略报告。

　　按照霍尔兹沃恩的报告得出的结论：GKN 公司将不再是一个钢铁集团公司，因此，公司应立即转向开发新产品。但是，GKN 公司刚刚投建了一家年产 600 万吨钢管的钢管厂，如果采纳霍尔兹沃恩的建议，钢管厂将被关闭，所有投资都将化为乌有；再者，霍尔兹沃恩不过是一名微不足道的会计师。在权衡"利弊"之后，GKN 公司的决策层放弃了霍尔兹沃恩的建议，仍按既定方针推进钢管厂的生产。

　　历史的进程完全证实了霍尔兹沃恩的战略预测。仅仅过了两年，GKN 公司的钢管厂陷于困境，不得不停产。董事会的董事们在焦头烂额之际才想起了霍尔兹沃恩，于是破格把他提升为公司的副总裁兼常务经理，霍尔兹沃恩上任后就着手公司转向的工作。他买下比尔菲尔德公司，将该公司生产的一种新型产品投入欧洲和北美市场，又开发出一种廉价的运输机，使产品畅销全世界。GKN 公司顿时面貌全新。不久，KCN 又研制出新型战斗机"勇士"号，一举占领了英国军用机生产市场，为 GKN 公司带来了巨大的利润。

　　1980 年，霍尔兹沃恩因业绩非凡而被公司任命为董事长。这时，英国的钢铁工业陷入一团糟的窘境，GKN 公司也因此受到冲击，面临新的严峻考验。

　　在新形势之下，霍尔兹沃恩的同行们都认为这是工人罢工造成的，

第七章 物至而应
——荀子这样说应变

霍尔兹沃恩在调集了各方面的资料进行研究后提出了一个完全不同的观点：这是英国工业衰退的先兆，更大的衰败即将来临。

霍尔兹沃恩毫不犹豫地采取措施改变公司的产业结构。他先后卖掉了公司在澳大利亚的钢铁业股权和英国的传统机械公司，同时在法国、美国和英国本土创办了五家新公司。

对霍尔兹沃恩的大胆举措，许多董事提出异议。霍尔兹沃恩不为所动，坚持"我行我素"。不久，英国工业的全面衰败果然来临，GKN公司因早有准备，使损失降到了最低，而其他公司则纷纷倒闭。人们无不为霍尔兹沃恩的高瞻远瞩和果断举措而赞叹。

如今，GKN公司已成为全世界开发复杂新型机械产品和应用最新技术的领头羊，霍尔兹沃恩也成为一位举世公认的企业战略家，成为英国工业界的骄傲。

《左传·隐公十一年》云："度德而处之，量力而行之。"衡量自己的德行如何，以决定自己所处的地位；估量自己的力量大小，以选择自己采取的行动。在日常生活中，我们通过与形形色色的各种人交往，来衡量自己的品德操行能不能从善拒恶，从而决定对人的亲疏；而在处理难易不等的各种事务时，又应先估量一下自己的力量是不是能够胜任，然后制定好进退取舍的办事计划。只有这样，才能做到进退相宜，应变自如。

进退相宜掌握分寸不仅是人们为人处事的重要方略，也是商场中的一种应急应变策略。当人们在有利条件下，则须抓紧时机，以求迅速发展，而遇到难处，则又须审时度势，宜退则退。

事有两面，权衡利弊

【原典】

荀子曰："见其可利也，则必前后虑其可害也者。"

【古句新解】

荀子说："看到事物有利的一面，还要考虑到它可能带来的危害。"

自我品评

事物都有两面性，"有荣则必有辱，有得则必有失，有进则必有退，有亲则必有疏"。在看到事物有利一面的同时，还要考虑到它可能带来的危害，权衡利弊、深思得失，而后再决定进退取舍。若只是盯着利这一个方面，势必动辄得咎，做则取辱。故有格言道："论人，当节取其长，曲谅其短；做事，必先审其害，后计其利。"

《淮南子·人间训》中有这样一个故事：

战国时，有位老人住在与胡人相邻的边塞地区，来来往往的过客都尊称他为"塞翁"。

有一天，塞翁家的马在放牧时走失了一匹。邻居们得知这一消息后，纷纷表示惋惜。可是，塞翁却不以为然，他反而释怀地劝慰大伙儿："丢了马，当然是件坏事，但谁知道它会不会带来好的结果呢？"

几个月后，那匹迷途的老马竟从塞外跑了回来，并且还带回了一匹胡人的骏马。于是，邻居们又一起来向塞翁道贺，并夸他在丢马时

第七章 物至而应
——荀子这样说应变

有远见。然而，这时的塞翁却忧心忡忡地说："唉！谁知道这件事会不会给我带来灾祸呢？"

塞翁家平添了一匹胡人的骏马，使他的儿子喜不自禁，于是便天天骑马兜风，乐此不疲。有一天，塞翁的儿子因得意忘形，竟从飞驰的马背上摔了下来，摔伤了一条腿，造成了终生残疾。善良的邻居们闻讯后，赶紧前来慰问，而塞翁却还是那句老话："谁知道它会不会带来好的结果呢？"

一年以后，胡人大举入侵中原，边塞战况紧急，身强力壮的青年都被征去当兵了，结果十之八九都在战场上送了命。而塞翁的儿子却因为跛腿，得以免服兵役，所以保全了性命。

这个故事在世代相传的过程中，渐渐地浓缩成了一句成语：塞翁失马，焉知非福。它说明好事与坏事都不是绝对的，在一定的条件下，坏事可以造成好的结果，好事也可能会造成坏的结果。

有一只木车轮因为被砍下了一角而伤心郁闷，它下决心要寻找一块合适的木片使自己重新完整起来，于是，离开家开始了长途跋涉。不完整的车轮走得很慢，一路上，阳光柔和，它认识了各种美丽的花朵，并与草叶间的小虫攀谈，当然也看到了许许多多的木片，但都不太合适。终于有一天，车轮发现了一块大小形状都非常合适的木片。于是，马上将自己修补得完好如初。可是欣喜若狂的轮子忽然发现，眼前的世界变了，自己跑得那么快，根本看不清花儿美丽的笑脸，也听不到小虫善意的鸣叫。

可见，有时失也是得，得即是失。当我们有所失的时候，生活才更加完整。从这个故事我们也可以渐渐体会到，许多苦恼的根源来自人们心中的一个误解，即完善自己的性格必须做到尽善尽美，才能获得别人的好感。然而，当人们踏上追寻完美的不归之路时，生活便渐渐变成了专门为他们捕捉过失的陷阱。所以，我们总是因怀疑自己做得不够好而愧疚与担心，担心爱我们的人会因此对我们感到失望，结果却适得其反。

人们当然要为其既定的目标积极努力，但无论怎样的生活都不会是一块无瑕的玉。环境的变化往往出乎你的意料，谁又能时时刻刻应付自如呢？精神分析学家戴维·柏恩斯在他的书中提到过一位著名律师的故事。这名大律师非常担心在办案时犯错误，因为，他害怕会因此失去同事们对他的尊敬。当他无法摆脱和控制这种情绪而向同事们讲出来后，令他惊异的是，无论他是否做错过什么，同事们都和他更亲近了，因为他们能够将他当做普通人看待。

只有不断完善自己的性格，努力塑造平常心，才能达到精神世界的完整。这样我们才能勇敢地面对自我能力的局限，勇敢地去实现梦想，不因失败而气馁。由此，我们便可触摸到平日所无法感知的那种完整了。生活不像游戏里的拼字小蜜蜂，无论已经拼对了多少个，只要错了一个就要被取消游戏资格。生活更像一个NBA赛季，即使最优秀的球队也要输掉一些场次，而实力最弱的球队也会打出自己绝妙的高潮，大家的目标就是争取赢的场次多于输的场次。

有失必有得。失去并不是永远的，只要我们把握好自己，失去以后定会有所收获。看看那些成功者们，他们善于放弃，也善于从失去中找到真正的价值。

有一个小和尚，他每天早晨都要到山下挑水，当他从山下爬到山顶时，水桶里的水就只有半桶了。这是什么原因呢？并不是因为小和尚走得太快，而是因为他的木桶在漏水。

一开始小和尚并没有发现这个问题，过了一段时间，小和尚发现了这个问题，于是他跑到主持那儿，希望主持为他换一对水桶。

小和尚对主持说："主持，我每天从山下挑水上来，可木桶一直都在漏水，我想应该换一对木桶了。"

主持对他说："我知道了，你再用它挑两个月吧！木桶漏水也不一定是坏事。"

就这样，小和尚又用这对木桶挑了两个月的水，在他想去换木桶的前一天，主持找到了这个小和尚，他带着小和尚从山上往山下走去，

第七章 物至而应
——荀子这样说应变

又走了回来。一路上主持让小和尚仔细地观察周边的环境。到了寺里，主持问道："你有什么新的发现吗？"

"路边长了许多漂亮的小花。"

"为什么小花只开在山路的两边呢？"主持又问道。

小和尚摇了摇头对主持说："我不知道。"

"花只开在山路的两边，是因为你每天都在给它们浇水，只是你不曾想过罢了。"主持说道。

听了主持的话，小和尚猛然抬起头，对主持说道："我终于知道用漏水木桶挑水的原因了。虽然木桶失去了里面的部分水，可是换来了山路两边许多美丽的小花，弟子也明白了做事如此，做人也如此，在某些时候，失去并不一定是坏事。"

有时我们会羡慕那些金领，因为他们的薪水是我们的几倍。但是在羡慕的同时还应知道，他们刚开始时，也许条件还不如我们。但是他们并没有因为当前的条件而局限自己，而是以更加积极的行动去工作。在他们的心里，始终把能力、知识、经验排在金钱的前面。

每个人心里都应该有这样一个原则：不要因为现在的失去而放弃，无论现在得到的薪水是多少，都要明白，薪水只是你从工作中所获取的一小部分，在工作中获取的知识、经验才是无价之宝。

福事则和，祸事则静

【原典】

荀子曰："福事至则和而理，祸事至则静而理。"

【古句新解】

荀子说："有喜事时平和地对待，有灾祸时冷静地处理。"

自我品评

荀子曰："敬戒无忌。庆者在堂，吊者在闾。祸与福邻，莫知其门。"意思是说，要严肃谨慎毫不懈怠。有时庆贺的人还在堂上，吊丧的人已经在门前了。祸患往往与幸福相邻，人们有时甚至还不知道祸福产生的原因。

福与祸是事物的两个方面，是不可分割的。福也好，祸也罢，有时就发生在瞬间，福祸的对立和转化也往往是一念之差。人生在世如果不懂得这其中的道理，就会受到福祸的捉弄。

比如说，人生中有很多事情常会变得扑朔迷离，让人诚惶诚恐或是迷失方向，而在很多时候又会出现峰回路转；当你正踌躇满志、洋洋得意时，却突然遭遇一盆冷水，浇得你失魂落魄；当你正在低迷徘徊或是沮丧消沉时，却突然柳暗花明，意外获得成功，让你欣喜若狂。

人生处在顺境和得意时，最容易张扬。张扬是许多没有远见的人的共性，他们本来就没有大志向也没有大目标，只是在一种虚荣心的驱使下向前奔跑，目的只是想博得众人的喝彩。所以众人的掌声一响

第七章 物至而应
——荀子这样说应变

便认为达到了人生目标，便想躺在掌声中生活，他们认为自己可以不必再奔跑，可以昂头挺胸地在人群中炫耀了。

张扬也可以说是一种误解，一种把暂时的得意看成永久得意的误解，一种把暂时的失意当成永久失意的误解。低调的人明白，这个世上永远没有永恒的事物，一切都是暂时的、相对的，所以也就没有什么值得张扬的事情。

太张扬的人，没有自己的追求和目标，有了一点点的得意便以为人生的荣耀不过如此。这些人中也有许多有才华的人做事、有实力的人和有发展前途的人，如果这些人能够踏踏实实地做人，可能会成就一番事业，可他们却往往因为目光短浅而在张扬中夭折。

荀子"福祸相依"的理论，包含着深刻的人生道理。睿智的荀子是在提醒我们，在遭受祸患时，不为祸患所吓倒，要有战胜祸患的信心；在享受幸福时，也需小心谨慎，不为幸福所迷惑，始终如一地按照做人做事的准则去行事。

朱元璋一生多次面临危机，越是危机时刻越能显出他的冷静和机智。能有计谋首先要胆大心细，在突发事件面前不慌乱，在短时间内分清利害，找准最正确的路径，而不是慌不择路，勇而无谋。

这就是朱元璋云游四海时不断感悟出来的成就一番事业的经验，这里有件事足以看出朱元璋的足智多谋。

元至正十四年（1354年）春，郭子兴、彭大、赵均用等矛盾重重，为了争权夺利，你不让我，我不让你，聪明的朱元璋准确地判断时局，认定再与这样的人纠缠在一起，不会有什么出路，更无前途可言，恐怕还可能成为牺牲品，他决定寻机独立发展，自立一片天地。这时，正好定远张家堡驴牌寨有3000兵马，孤立无援，想来投奔起义军，朱元璋就自告奋勇，带领一队人马去说服这个驴牌寨的寨主。刚走到定远界，忽然间，驴牌寨营中排列出军阵，杀气腾腾。见此寡不敌众之势，朱元璋的随从吓得胆战心惊，几个部卒十分恐慌，打算掉头逃跑。

朱元璋一声喝住了他们，说道："彼众我寡，你能跑到哪儿去？

只要撒马过来，哪个也逃不掉。你们不要怕，都随我前去，各等命令，见机行事。"几个人才镇静下来。这时营中走出两个将领，朱元璋高坐马上，威风凛凛，毫无畏惧，也无屈从之态。将领问话，朱元璋并没有亲口应答，而是命人回答说："从濠州来，与你们主帅议事！"看罢阵势，两个将领知道这伙人非同一般，便返回去。

一会儿，便有人出来请他们进寨。朱元璋对寨帅说："郭元帅听说将军粮饷艰难，别人想趁火打劫，特派我来相告：能相从则一起到濠州同聚，不然，请暂时移兵回避一下，免得遭人暗算。"朱元璋一席话不卑不亢，既有警告又有关心，打动了寨帅的心，他本来也是想投靠起义军的，只是放不下架子罢了，这回有人给了台阶下，此时不下更待何时？他决定准备一下就前往濠州。见事已毕，朱元璋就回到濠州。但三天后，有人报告说，那寨帅反悔了，正准备向别处转移。朱元璋急率300步骑赶到，对寨帅说："郭元帅派我带来300人马助你一臂之力。"寨帅将信将疑，防备愈严。

朱元璋见此情状，想到已非言语所能打动，便决定以计袭取。

他让一个兵士向寨帅报告说，寨中有人杀伤了朱总管的人，朱总管请寨帅去验看现场。待寨帅赶到，朱元璋的兵一下将他围住。朱元璋再次要他立即下定决心，寨帅成了俘虏，也就只能顺水推舟，驴牌寨营盘被一把火烧毁。经过改编，这3000兵马就隶属于朱元璋的麾下。

福祸相依蕴涵了物极必反的哲理。物极必反是指事物发展到极致时，就会向相反方向转化。

从福到祸

人在得意忘形之际，往往看不见近身的灾难。的确，生活就是这样，当它一脸和气地对你时，你往往觉得事事都顺，一笔可观的款项揣进腰包的感觉，就像是喝了蜜一样，透心地甜。随之你可能就忘乎所以了，殊不知，张狂过后该是怎样的结局?! 要知道"福"的负面就是"祸"，过于张狂了，"祸"也许就会随之而至，那时，你是否能够

第七章 物至而应
——荀子这样说应变

经得起这福去祸至的压力呢?

淡化利欲是应对不测的万全之策。凡事看淡些、看轻些,别贪一时之欢。好事降临时要记住居安思危的道理,淡泊利欲的诱惑才是处世的自然之理。要做到淡泊、睿智,以平常心待之,这样,当不幸降临时,你才能应对自如,才不会被突然降临的不幸压倒。

从祸到福

常在河边走,怎会不湿鞋。每个人在生活中都会遇到意外的打击或失败。考验一个人真正的品格和能力,就是看他如何面对失意的日子。如果他放大不愉快,那么他将度日如年,举步维艰;如果他藐视困难,积极应对,则很快就会走出困境。

因此,面对祸最重要的是态度:摒弃对于造成"祸"之根源和责任的纠缠,直面祸患,积极应对,妥善处理,或许我们可以因"祸"得"福"。

遇到突发事件时,一定要保持镇定,既不能慌乱,也不能头脑过热,要有计谋还要随机应变,不能固守一点坚持到底。在成大事者眼里,长远利益比眼前利益更重要。如果固守于眼前利益不放,就有可能输得更惨。因此,成大事者要明白:福事则和,祸事则静。

祸患皆源于细微

【原典】

荀子曰:"祸之所由生也,生自纤纤也。"

【古句新解】

荀子说:"祸患产生的原由,往往是细微之处。"

自我品评

古人说:"天下难事,必做于易;天下大事,必做于细。"在一个成功者的背后,起决定作用的往往是那些小细节,完善了小细节,才能做成大事情。有时,我们常抱怨祸患为什么发生在我们身上,而从未想过为什么会如此。

一切事物都是由小到大发展而来,都有一个由量的积累到质的变化的过程。因此,不能对小事情有所疏忽,应该慎对微小的变化。

荀子在《大略》中进一步说道:"祸之所由生也,生自纤纤也。是故君子蚤绝之。"灾祸产生的原由,往往是细微之处。所以,君子要及早地消除它产生的原因。

在荀子看来,要想远离灾祸,就必须做到防微杜渐。

涓涓细流可以穿透岩石,参天大树是由嫩芽小树逐渐长成。人们常因忽略微小的细节,而造成祸患。如果从小的方面着手,在祸患还在萌芽时注意防止并消除它,就能够安定,情况就会好转。

概括而言,荀子所说的"防微杜渐"表达了两层含义:其一是防

第七章 物至而应
——荀子这样说应变

止对微小细节的忽略，其二是杜绝在渐渐中演变。"微"即细小，就像蝼蚁洞穴很小，一般不引人注意。但是，蚁穴的危害却极大。在河水上涨时，因蚁穴会发生管涌，堤堰内部被淘空而发生决堤事故。"渐"即慢慢地，是一种从量变到质变的过程，这种过程慢得不易使自己感知，也不易使别人察觉。但"渐"是一种足以致命的慢性病，初始阶段并无疼痛，但等达到一定程度时，往往已病入膏肓，回天乏术！

《史记·扁鹊传》中有这样一个故事：

扁鹊，战国时勃海郡郑地人，原名秦越人。"扁鹊"一词原本为古代传说中能为人解除病痛的一种鸟，秦越人医术高超，百姓敬他为神医，便称他为"扁鹊"，渐渐地，人们就把这个名字用在秦越人的身上了。

扁鹊云游各国，为君侯看病，也为百姓除疾，名扬天下。他的医术十分全面，无所不通。在邯郸听说当地人很尊重妇女，他便做了妇科医生；在洛阳，因为那里的人很尊重老人，他就做了专治老年病的医生；秦国人最爱儿童，他又在那里做了儿科大夫。无论在哪里，他都因高超的医术深受人们的欢迎。

有一次，扁鹊来到了蔡国，蔡桓公知道他名声很大，便宴请扁鹊。

扁鹊见到蔡桓公后，说："大王有病，就在肌肤之间，不治会加重的。"蔡桓公不相信，而且很不高兴。

五天后，扁鹊再去见他，说道："大王的病已经到了血脉，不治会加重的。"蔡桓公仍不信，而且更加不悦。

又过了五天，扁鹊又见到蔡桓公时说："大王的病已到了肠胃，不治会更重。"蔡桓公十分生气，转头便走。

五天又过去了，这次扁鹊一见到蔡桓公，就赶快避开了。蔡桓公十分纳闷，便派人去问。扁鹊说："病在肌肤之间时，可用熨药治愈；在血脉，可用针刺、砭石的方法达到治疗效果；在肠胃时，借助火剂汤的力量也能达到。可病到了骨髓，就无法医治了。现在大王的病已在骨髓，我无能为力了。"

果然，五天后，蔡桓公身患重病，忙派人去找扁鹊，而扁鹊已经离开了蔡国。不久，蔡桓公便病死了。

"扁鹊见蔡桓公"的故事告诉我们：凡事都应防微杜渐，把问题消灭于萌芽之中。否则，当问题变得不可收拾的时候只能追悔莫及。

工作中任何一个细节出了差错，都会影响全局。牵一发而动全身，每一件细小的事情所产生的后果都会被不断扩大，它们就不再是微不足道的小事情。

小郭是知名大学的毕业生，以优异成绩考入一家省级机关。

他胸中豪情万丈，一心只想鹏程万里。

不料上班后才发现，每日无非是些琐碎事务，既不需太多智能，也看不出什么成果，心便渐渐地冷了下来。

一次单位开会，部门同仁彻夜准备文件，分配给他的工作是装订和封套。

处长再三叮嘱："一定要做好准备工作，别到时弄得措手不及。"

他听了更是不快，心想：初中生也会做的事，还用得着这样嘱咐，根本没理会。

同事们忙忙碌碌，他也懒得帮忙，只在旁边看报纸。

文件终于交到他手里。他开始一件件装订，没想到只订了十几份，订书机"喀"地一响，订书订用完了。

他漫不经心地抽开装订书订的纸盒，脑中轰地一声——里面是空的。

他立刻发动所有人翻箱倒柜，不知怎的，平时满眼皆是的小东西，现在竟连一根都找不到。

那时已是深夜11点半，文件必须在次日8点大会召开之前发到代表手中。

处长咆哮道："不是叫你做好准备的吗？连这点小事也做不好，大学生有什么用啊。"

他低头无言以对。

第七章 物至而应
——荀子这样说应变

几经周折，他在凌晨 4 点找到一家通宵服务的商务中心，终于赶在开会之前，对同事们微笑着，将文件整齐漂亮地发到代表手中。

没人知道，他已是彻夜未眠。事后，他灰头土脸地等着训斥，没想到平时严厉得不近人情的处长，却只说了一句："记住，工作面前，人人平等。"

这是小郭一生受用不尽的一句话，让他深刻地领悟到：用十分的准备迎接三分的工作并非浪费。而以三分的态度来面对十分的工作，将带来不可逆转的恶果。是的，千里马失足，往往不是在崇山峻岭，而是在柔软青草地。

面对突如其来的事情，不知如何处理。这时候我们开始抱怨自己倒霉，主要就是因为我们平时没有注意到细节问题。有时应对事情不是主要的，而是应该锻炼自己注意细节的习惯。平时养成了这样一种习惯，事情来了也就容易应对了，最起码知道问题出在哪里。

千里之堤毁于蚁穴，祸乱的根源往往就是细微之处，防微杜渐不易做到，但只要保持谨慎态度，正如《易经》所说："君子乾乾，夕惕若，厉无咎。"那么，即使在厄难中也能自保无虞。"物至而应"没有什么诀窍，有了这种意识，祸患就不会来了。做大事更是如此，如果忽视细节，就会踏入失败的深渊；如果把握住细节，成功往往就会降临。

把握时机，见机而作

【原典】

荀子曰："造父者，天下之善御者也，无舆马则无所见其能。"

【古句新解】

荀子说："造父是天下最善于驾车的人，但若没有车马则无以显示其出众的才能。"

自我品评

"时"是中国文化中一个很独特的概念，强调把握时机，见机而作。

巧妇难为无米之炊。一个人的成功往往取决于天时、地利、人和等多种因素。善射如后羿者，离开了良弓，其射艺也无处施展，天下谁人又能识后羿呢？可见，若既无天时，又无地利，一个人纵然有百种本事、万般能耐，怕也只能徒然叹息英雄无用武之地。由此，历史上留下了无数文人喟叹"欲济无舟楫"、抒发怀才不遇情怀的诗篇，如秦韬玉的"苦恨年年压金线，为他人作嫁衣裳"；张九龄的"徒言树桃李，此木岂无阴"；岑参的"四时常作青黛色，可怜杜花不相识"，等等。其中最令人慨叹的是空怀一身武艺却只能借词抒怀的辛弃疾，他梦寐以求建功立业，"醉里挑灯看剑，梦回吹角连营"，醒来自叹"可怜白发生"。还有至死不忘报国的陆游："此生谁料，心在天山，身老沧洲！"他谆谆叮嘱儿孙"王师北定中原日，家祭无忘告乃翁"。

好的射手要有良弓，好的骑士要有良马，给有才者施展抱负的天

第七章 物至而应
——荀子这样说应变

地，给有能者创造施展才华的条件，人尽其才，物尽其用，才能既无英雄无用武之地之憾，也无用武之地无英雄之困。

机遇是一个美丽而性情古怪的天使，她来到你身边的时候总是悄然来临，以致你有时可能并未觉察到她的降临。因此，你若稍不留心她将翩然而去，不管你怎样地扼腕叹息，她却从此杳无音讯，一去不再复回。

成大事的人之所以能够抓住成功的机遇，完全是由于他们在生活中处处都很留心，当机遇来临的时候，他们就能迅速做出反应，从而把机遇牢牢地抓在自己的手中。

捕捉机遇一定要处处留心，独具慧眼。其实只要你仔细留心身边的每一件小事，当中都可能蕴藏着相当的机会。有雄心成大事的人绝不会放过每一件小事。他们对什么事情都极其敏感，能够从许多平凡的生活事件中发现成功的机遇。

有一次，日本索尼公司名誉董事长井深大到理发店去理发，他一边理发一边看电视，由于他躺在理发椅上，所以他看到的电视图像只能是反的。就在这时，他突然灵机一动，心想："如果能制造出反画面的电视机，那么，即使躺着也能从镜子里看到正常画面的电视节目。"有了这些想法，他回到公司之后就组织力量研制和生产了反画面的电视机，并把自己研制出来的电视机投放到市场上去销售。果然这种电视机受到了理发店、医院等许多特殊用户的普遍欢迎，因而取得了成功。这则事例给我们的启示就是工夫不负有心人，只要你能够处处留心，那么就有很多的机会在向你招手。

处处留心皆机遇，要做生活当中的有心人，因为机会往往来得都很突然或者很偶然。因此，只有留心、用心的人才有可能在机会来临的一瞬间捕捉到它。比如说世界上第一个防火警铃就是在实验室的一次实验中偶然发明的。第一个防火警铃的发明者杜妥·波尔索当时正在测试一个控制静电的电子仪器，忽然他注意到他身边的一个技师所抽的香烟把仪器的马表弄坏了。开始时，杜妥·波尔索的第一反应是非常

229

懊恼，因为马表坏了必须中止实验，重新再装上一个马表。但他很快地就想到，马表对香烟的反应可能是一个非常有价值的资讯。这个只是一瞬间发生的看似很不起眼的偶然事件，就促使杜妥·波尔索发明了第一个防火报警警铃，在消防领域作出了突破性的贡献。

审时度势，相机行事，灵活应变，也是经济活动中的一种重要策略。19世纪中叶，美国加利福尼亚州发现了金矿，消息传开，掀起了一股淘金热。一个17岁的农夫亚默尔也准备去碰碰运气。找金子的地方是荒无人烟的小山谷，气候干燥，水源奇缺，人们苦于没有水喝。许多人一面找金子，一面抱怨："谁要是让我饮一顿凉水，我送给他金币也干。"找矿的人们抱怨的话，使年轻的亚默尔受到启发，他想，如果卖水给这些人喝，也许比找金子赚钱更快。于是，他毅然放弃了挖金子，开始挖水池，再把远处的河水引进来，装进桶或壶里，卖给找金矿的人们。当时有人讥笑他，亚默尔全不在意。结果，许多人因没挖到金子而饥寒交迫，而亚默尔卖水却赚了6000多美元，成为当时一个小小的富翁。

因此，我们应把握时机，灵活应变。机遇稍纵即逝，可谓"机不可失，时不再来"，往往最先发现、最先下手的人最先得益。如果鼠目寸光地盯住眼前的利益，那么，机遇也许就永不会再现。遇到所谓真正伟大的机遇是很难得的，机遇往往是化整为零地呈现在你面前，所以，如果不抓住看似微小的机遇，那丧失的可能就是一个大的机遇。

第八章 好荣恶辱
——荀子这样说荣辱

荀子曰:"好荣恶辱,好利恶害,是君子小人之所同也;若其所有求之道则异矣。"意思是说,喜欢荣耀而厌恶耻辱,爱好利益而憎恶祸害,这一点君子和小人也没有什么区别,只是他们获取荣耀和利益的途径不同罢了。荣辱是事关每一个人身前死后名的大事。好荣恶辱\好利恶害是人的本性,在这一点上君子小人并无二致,区别只在于各自心中荣辱的标准不同。

贪图安逸，自毁前程

【原典】
荀子曰："嗟尔君子，无恒安息。"

【古句新解】
荀子说："君子啊！没有永恒的安逸。"

自我品评

人生能有多久？多则不过百年时光。天地是暂居的旅店，光阴是永远的过客。如果没有警觉，一味纵情享乐，就会乐极生悲，像秋风过后草木凋零一般凄凉。

贪图安逸，等于自毁前程。人一旦处于安稳快乐的环境中，就会忘记忧患的存在，消磨了自己的意志，不求上进，得过且过，哪里还谈得上什么发奋图强？所以，古人把贪图安逸纵情享乐比作是饮用毒酒，味道虽然甘美，喝下去却是要死人的。

荀子借用《诗经》中的一句话提醒我们："嗟尔君子，无恒安息。"君子啊！没有永恒的安逸。

荀子是言行一致的君子，他这样说，也是这样做的。荀子自15岁起，怀抱治国宏愿，文韬武略，周游列国，渴望得到君王的赏识，以施展自己的才华和抱负。然而事与愿违，他的政治理想始终未能实现。但他在学术上的成就却得到了肯定，在列大夫中"最为老师"，被尊称为卿，曾在齐国三次担任稷下学宫主讲。到了晚年，他仍然不贪图安逸，从事教学。其一生学生颇多，其中最著名的当数杰出的思想家韩非和政治家李斯。他著书立说，即我们看到的《荀子》。

其实，无论是谁，只要贪图安逸，都会毁掉自己的进取之心，进而毁掉自己的人生。

不贪图安逸，首先要珍惜时光，在有限的人生之中做更多有意义的事情。人生短暂，只顾贪图享乐，终将一事无成！

不贪图安逸，还要积极进取，否则就会像《论语》中孔子说的那样："吃饱穿暖，安逸地住着高屋却没有受教育，就与禽兽相差无几了。"饱食终日，无所事事，自然会意志消沉，甚至有可能蜕化成社会的害虫，为人们所不齿。

秦朝宰相李斯可以说是声名赫赫、不可一世，后来他成了阶下囚。临到行刑的时候，他对他的小儿子说："我跟你还能够牵着咱们那条卷尾巴的黄狗，穿过上蔡县城的东门，到山上去追猎野兔吗？"这是一个"持之盈之"者渴望重新过平静恬淡的生活的真实写照，然而为时已晚矣！

"千古一帝"秦始皇，横扫六国，统一江山，天下财富皆归于己。如果按照老子的观点，他应当"功成名遂身退"了。然而，这位始皇帝却偏偏不满足，为了满足自己的奢欲，他在首都附近大兴土木，建造骊山墓，所耗民夫竟达70万人以上。除此以外，秦始皇修建大量的宫殿和行宫，仅在咸阳周围就有270多座，在关外有400多座，在关内有300多座。

修建这样庞大的工程耗费大量的人力、物力、财力。据估算，当时服兵役劳役的人数远远超过200万，占当时壮年男子人数的三分之一以上。

庞大的工程开支加上庞大的军费开支，造成了秦王朝"男子力耕，不足粮饱，女子纺织，不足衣服，竭天下之资财以奉其政"，民不聊生的悲惨局面，百姓们过着"衣牛马之衣，食犬口之食"的痛苦生活。最终，秦始皇的万世皇帝梦只维持了短短15年。

第八章 好荣恶辱
——荀子这样说荣辱

人的自私本性决定了人的行为，大多数人的所作所为都是从自己的利益出发。但是一部分人因为权势或际遇而觉得自己可以没有任何顾忌地去追逐私利，从而走向骄横奢华，以致最后因为私心无度而引火烧身。但有一些不愧是君子的人，任何时候都能自律有度。他们不光一生平安顺达，而且还能够创建功业，留下美名。春秋时的庆封和晏子，就是一对典型的例子。

齐襄公二十八年，齐国的权臣庆封到吴国，集合他的家族居住下来，聚敛的财物比原来更加丰盈。当时的子服惠伯对叔孙穆子说："上天大概是让淫邪的人发财，这回庆封是又富了。"穆子说："善人发财叫做赏赐，淫邪的人发财叫做祸患，上天会让他遭殃。"昭公四年，庆封被楚国人杀死了。以前他的父亲庆克曾经诬陷鲍庄，当时庆封正在策划攻打子雅、子尾，事情被发现，姓崔的人叛变了，庆封的儿子舍庆封逃蛰吴国(这里说的子雅、子尾是齐国的公子)。

同一年，齐国崔姓叛乱，子雅等公子们都失散了，等到庆氏灭亡后，齐王又拉回了这些公子们，于是他们就都各自回到了原来的领地。叛乱的事件结束后，齐王赏给晏子邶殿的60个乡邑，他没有接受。

子尾说："富有是人人都想得到的，可是你为什么偏偏不要呢？"晏子回答说："庆氏的城池多得能够满足他的欲望，可他还贪而不忍，所以灭亡了；我的城池不能以满足自己过分的欲望，不要邶殿并不是拒绝富有，而是害怕失去富贵。因为富贵就像布帛那样有边幅，应该有所控制，让它不至于落失人手。"这是说富人不能随意增加财富，否则将会自取灭亡。

人富了，就容易产生骄横之心，富有而不骄横的人，天下是很少有的，富者要忍富，不能因为别人不富有，去欺压别人。

对于贫寒清苦的生活，有些人以为很苦，而不少名士、隐士则有他们不一样的见解，从中也可以看到他们把忍受清贫的生活当成了一种修身养性、战胜人性中贪欲的一种方法。他们不以这样为苦，反以这样为快乐。

而与之相反，对自己人性中最阴暗的一面不加任何抑制地放纵的人，结果往往都像庆封一样，最后都会身败名裂。

人不能贪图安逸。贪图安逸，人就没有雄心壮志，害怕艰苦的生活，惧怕艰难，遭遇挫折时容易放弃自己的志向，整天沉溺于安逸的生活，陶醉于快乐的享受，根本不可能磨炼出坚强的意志，而且还可能因为贪图享乐而招致灾祸。

第八章 好荣恶辱
——荀子这样说荣辱

先义而后利者荣耀

【原典】

荀子曰:"先义而后利者荣,先利而后义者辱。"

【古句新解】

荀子说:"先义而后利者荣耀,先利而后义者耻辱。"

自我品评

"义"是指中国传统文化中的一种道德规范,是约束人们行为的规范和原则。孟子曾说"义,人之正路也",意思是遵从道义,是一个人应当走的正路。荀子在本文中的观点并不是否定利益,只是反对以不正当的手段来谋取金钱和财富,认为先义后利者荣耀,先利后义者耻辱。

义利合一说随着墨学的中绝而成为末流,而孔、孟虽然也说"富与贵,是人之所欲也"(《论语·里仁》),甚至"富而可求也,虽执鞭之士,吾亦为之"(《论语·述而》),但他们更强调的是"君子喻于义,小人喻于利"(《论语·里仁》)、"君子义以为上"(《论语·阳货》)、"何必曰利,亦有仁义而已矣"(《孟子·梁惠王上》)。这就是孔子所谓的"见利思义"(《论语·宪问》)、"见得思义"(《论语·季氏》)、"志士仁人,无求生以害仁,有杀身以成仁"(《论语·卫灵公》),也就是孟子所谓的"生,亦我所欲也,义,亦我所欲也。二者不可得兼,舍生而取义者也"（《孟子·告子上》）。

与孔、孟相比，荀子更强调义与利的兼得并重。荀子反复强调，求利与求义一样，也具有合理性和正当性："义与利者，人之所两有也。虽尧舜不能去民之欲利"（《荀子·大略》），这一点也为后儒所继承。例如，董仲舒说："天之生人也，使人生义与利。义者，心之养也；利者，体之养也。"（《春秋繁露·身之养重于义》）程颐说："人无利，真是生不得。"（《河南程氏遗书》卷十八）朱熹说："圣人岂不言利？……若说全不言利，又不成特地去利而就害。"（《朱子语类》卷三十六）但与此同时，在义与利相冲突时，荀子毫不含糊地主张弃利而就义，"先义而后利"（《荀子·荣辱》）、"无以利害义"（《荀子·法行》），即使为此而牺牲生命也在所不惜，绝不苟且偷生、胡作非为，这就是荀子所谓的"畏患而不避义死，欲利而不为所非"。在这一点上，儒家的立场始终是鲜明的，由此而养就了传统社会杀身成仁、舍生取义的浩然正气，见利忘义则为人所鞭笞、鄙夷。如古人对见风使舵、唯利是图的吕布就嗤之以鼻："吕布有虓虎之勇，而无英奇之略，轻狡反复，唯利是视。自古及今，未有若此不夷灭也。"（《三国志·吕布臧洪传》）

义利关系在传统伦理思想史上始终占据着至关重要的地位，诚如朱熹所言："义利之说，乃儒家第一意。"（《朱子文集》卷二十四）

概括地说，古代关于义利关系的思想可分为三种：一是孔子、孟子的重义利之辨且突出表现为重义而轻利的倾向；二是墨家的以公义为利，崇义利合一；三是荀子等尚义而不轻利、兼重义利。

孔子认为"君子喻于义，小人喻于利"，可见，他把"义"和"利"作为区别君子和小人的标准。在孔子的眼里，道德高尚的人重义而轻利，势利小人重利而忘义。前者受人尊敬，后者惹人生怨。

"金钱不是万能的，但是没有金钱是万万不能的"，金钱在人们的现实生活中占有重要地位。但是，我们也不能一味地追逐利益，义和利应该是统一的，义中有利，利中有义，经商的人更应重视义，不挣

第八章 好荣恶辱
——荀子这样说荣辱

不义之财，更不能见利忘义。

李嘉诚拥有的第一幢工业大厦、地产大业的基石，让他赢得"塑胶花大王"盛誉的老根据地是北角的长江大厦。20世纪70年代后期，香江才女林燕妮为她的广告公司租场地，跑到长江大厦看楼，发现长江厂仍在生产塑胶花。此时，塑胶花早过了黄金时代，根本无钱可赚。当时长江地产业已创出自己的名号，赢利已十分可观，就算塑胶花有微薄小利，对长江实业的利润实在是九牛一毛。为什么仍在维持小额的塑胶花生产呢？林燕妮甚感惊奇，李嘉诚说是为了给以前的老员工留下一些生计，为了让他们衣食丰足。

曾经有一位在李嘉诚公司工作了10年的会计，因为不幸患上青光眼，无法继续在公司上班，而且他早已花完了额度之内的医疗费，生活面临着极大的困难。李嘉诚关心地询问会计太太是否具有稳定的工作可以维持家庭生活，他支持他去看病，而且说，如果他的生活不够稳定，他可以担保他的太太在他的公司工作，使这家人不必再为生活担忧。

这位患病的会计经过医生的诊治，退休后定居在新西兰。本来这件事就应该这样结束了，但值得一提的是，每次李嘉诚从媒体上获知治疗青光眼的方法，都会叫人把文章寄给那位会计，希望对他有所帮助。他的行为使会计的全家都十分感动，那个会计的孩子尚处幼年，大概还没到10岁，为了表达全家对李嘉诚的感激之情，孩子自己动手画了一张薄薄的卡片，寄给李嘉诚，礼轻情谊重。由此可见李嘉诚优秀的人品和对员工的关爱之情。

有人看到李嘉诚如此善待员工，不由得感叹道："终于明白老员工对你感恩戴德的原因了。"李嘉诚认为：一家企业就像一个家庭，他们是企业的功臣，理应得到这样的待遇。现在他们老了，作为晚辈，就该担负起照顾他们的义务。别人夸奖李嘉诚的精神难能可贵，不少老板等员工老了一脚踢开，他却没有。这批员工过去靠他的厂养活，现在厂没有了，他仍把员工包下来。李嘉诚急忙否定别人的称赞，解释说："老板养活员工，是旧式老板的观点，应该是员工养活老板、养活公司。"相比较而言，日本的企业，在新员工报到的第一天，通常要做"埋骨公司"的宣誓。李嘉诚却从不强求员工做终身效力的保证，他总是通过一些小事，让员工认为值得效力终身。他自豪地说，他的公司不是没有人跳槽，但是公司行政人员流失率极低，可说是微乎其微。

在商战中，利益高于一切，商人不会从事没有收获的事业，毕竟企业不是慈善机构。所以当塑胶花厂没有效益，关闭也无可厚非，李嘉诚却继续生产，坚持"员工养活企业，企业应该回报他们"的朴素观点，他是把冷漠商场化无情为有情，把"义"作为经商的道德基础。"君子爱财，取之有道"，对于个人是这样，对于企业更是如此，否则，你的所得便是不义之财，不能长久，甚至还会带来长远的伤害。

追逐财富，期盼发家，这是人之常情。在一个成熟的商业社会里，个人对创造积累财富的努力，也是有益于社会发展进步的。利益是个好东西，谁不喜欢利益呢？"天下熙熙，皆为利来；天下攘攘，皆为利往"，求财可以，但要始终遵循一个原则。面对财富的诱惑，不能动摇，不能利欲熏心，唯利是图必定会招来怨恨。

所以，不管是经商，还是为人处世，都应该遵循一个原则：先义而后利者荣耀。

第八章 好荣恶辱
——荀子这样说荣辱

争名逐利引祸端

【原典】

荀子曰:"人生而有欲,欲而不得,则不能无求,求而无度量分界,则不能不争。"

【古句新解】

荀子说:"人一生下来就有欲望,有了欲望不能满足,就要去争取、追求,追求过分了而没有一定的限度和界限,就势必要发生争执。"

自我品评

宠辱不惊,闲看庭前花开花落;与世无争,漫随天外云卷云舒。这是一种超然物外的境界!人的欲望像越滚越大的雪球,蛊惑着人们拼命地向前追逐。有的人确实在走一条不归路,他们为了欲望而引火自焚,最终落个身败名裂的下场。

当今社会激烈竞争,虽然可以激发人上进的意识,但毕竟也给人带来很大的压力。优胜劣汰的规律告诉我们时时刻刻都不能掉以轻心。但在努力工作的同时,也应该养成顺应自然、泰然处之的处世之道。只有这样,才不会使你在遭受挫折时心态严重失衡,甚至还可以帮助你重建人生信念,鼓起奋斗的风帆,塑造新的自我。

荀子在《礼法》中说:"人生而有欲,欲而不得,则不能无求,求而无度量分界,则不能不争。争则乱,乱则穷。"

人一生下来就有欲望，有了欲望不能满足，就要去争取、追求，追求过分了而没有一定的限度和界限，就势必要发生争执。只要发生了争斗就会造成混乱，混乱就会造成穷困。

荀子十分形象地说明了纷争的由来。

人们之所以产生纷争，是由于欲望过于强烈，过于看重财利和地位。其实这些都是身外之物，争到与争不到又有多大的关系？

得到了不一定是福，失去了未必是祸，要用辩证的思想去对待名利和地位。无休止地争夺，是引起纠纷和祸害的根源。

对于纷争，古人提倡要克制这种心理和行为。

贾谊《鹏鸟赋》中说："豁达的人很达观，无所求。而贪婪的人为利而死，烈士为名而亡。"

许名奎《忍经》中说："好权的人争权于朝廷，好利的人争利于市场，争来争去永无休止，就好像杀人夺物之人逞强而不怕死。钱财能给人带来好处，同样也能坑害人。人们一直没有想明白，因此而丧失生命。权势能使人得到宠爱，也能使人备受侮辱。人们为什么对此不好好深思，而最终被诛呢？"

荀子对纷争则更加鄙视，他在《荀子·性恶》中说："一味地争夺，不怕死亡受伤，不怕对方势力强大，只要看见有利可图就贪得无厌，这是和猪狗一样的勇敢啊！"

荀子告诉我们，智者有深远的见解，不去争夺外物，把利看成污浊的粪土，把权力看得轻如鸿毛。认为污浊的东西，自然就能比较容易避开；轻视一样东西，也能很容易地抛开它。避开了利则能使人无恨，抛开了权则能让自己轻松。其实，还有什么比知足常乐更让人快乐的呢？

要知道，在日常的生活和经营过程中，利益是创造出来的，是以诚实劳动作为基础的，不是靠争来的。争来争去，双方失和，谁也不见得能够获得更多和更大的利益，何必争呢？

第八章 好荣恶辱
——荀子这样说荣辱

荀子提醒我们，不争才能无祸，不争才是更高明的做法。

在生活中，我们并不是因为拥有的太少变得贫穷，而是因为欲望太多，总是觉得自己拥有的不够多，从而造成心理的贫穷。欲望有时也是洪水猛兽，如果利欲熏心，欲壑难填，那么它会在你糊涂之时不知不觉地淹没你，在你清醒之时明目张胆地吞食你。

从前，有两位很虔诚、很要好的朋友，决定一起到遥远的圣山朝拜。两人背上行囊、风尘仆仆地上路，誓言不达圣山朝拜，绝不返家。

两位朋友走啊走，走了两个多星期之后，遇见一位白发年长的老人；这老人看到这两位如此虔诚的教徒千里迢迢要前往圣山朝拜，就十分感动地告诉他们："从这里距离圣山还有十天的脚程，但是很遗憾，我在这十字路口就要和你们分手了。而在分手前，我要送给你们一个礼物！什么礼物呢？就是你们当中一个人先许愿，他的愿望一定会马上实现；而第二个人，就可以得到那愿望的两倍！"

此时，其中一人心里一想："这太棒了，我已经知道我想要许什么愿，但我不要先讲，因为如果我先许愿，我就吃亏了，他就可以有双倍的礼物！不行！"而另外一人也自忖："我怎么可以先讲，让我的朋友获得加倍的礼物呢？"于是，两位朋友就开始客气起来，"你先讲嘛"，"你比较年长，你先许愿吧！""不，应该你先许愿！"两位朋友彼此推来推去，"客套地"推辞一番后，两人就开始不耐烦起来，气氛也变了："你干嘛！你先讲啊！""为什么我先讲？我才不要呢！"

两人推到最后，其中一人生气了，大声说道："喂，你真是个不识相、不知好歹的人，你再不许愿的话，我就把你的狗腿打断、把你掐死！"

另外一人一听，没有想到他的朋友居然变脸，竟然来恐吓自己！于是想，你这么无情无义，我也不必对你太有情有义！我没办法得到的东西，你也休想得到！于是，这一人干脆把心一横，狠心地说道："好，我先许愿！我希望——我的一只眼睛——瞎掉！"

很快地，这位朋友的一只眼睛马上瞎掉，而与他同行的好朋友，也立刻两只眼睛都瞎掉！

原本，这是一件十分美好的礼物，可以使两位好朋友互相共享，但是人的"贪念"与"嫉妒"，左右了心中的情绪，所以使得"祝福"变成"诅咒"、使"好友"变成"仇敌"，更是让原来可以"双赢"的事，变成两人瞎眼的"双输"！

这便是为欲望纷争的结果。老子在《道德经》中说："只要不与别人相争，天下就没有人能与你争。"纷争有害而无益，因此我们必须远离纷争。

名利之心人皆有之。有名利之心也是很正常的，但关键是要把握好尺度，懂得进行自我控制，不要把名利看得太重，超出限度，如果把名利看得太重，整日提心吊胆，被名利所累，这样的人是毫无乐趣可言的。

顺应己心，淡泊名利，并不是把自己置于完全被动的地位、听天由命，而是敢于正视现实、正视矛盾，时时保持乐观的态度。当现实与理想产生矛盾时，不要一味地怨天尤人，郁郁寡欢，而应该勇敢地面对挫折、面对失败，从失败中寻找解决问题的方法。特别是遇到打击后，这个时候切忌灰心丧气和一蹶不振。千万不要把名利看得太重。否则，期望越高失望越大。因为现实毕竟是现实，既然不能超越现实，就应该勇敢地面对它，始终抱着乐观、豁达的态度，这样才不会为名利所累，才不会成为利欲熏心之徒。

如何使自己的欲望趋于平淡呢？这是一个很重要的问题，关键在于处事者本身。"仕途虽繁荣，要常思泉下的光景，则利欲之心自淡。"中国古代的许多诗人、名士皆因仕途坎坷而隐居山林，或游览大江南北，遂创作了许多脍炙人口的佳作，但你能说他们不是由于官场失意，而借文章来倾吐胸中的烦闷吗？当然，也有很多人开始参悟禅宗，在禅语、禅味中寻求自我平衡、自我解脱。

荀子所看重的也是对"道"的追求，并在这种坚持不懈的追求中获得心灵的充实与精神的快乐:"虽无万物之美而可以养乐,无势利之位而可以养名",荀子称之为"重己役物",即重视个人的独立意志、独立人格,控制、支配物欲,不为名累,不为物役。这种以人为本、"重己役物"的人文精神陶冶了无数志向高远、品行高洁之士。

  的确,人因欲望而争夺,争来争去,什么也不会争到手,争来的只能是气、是恨、是仇。只有无争才能无祸。

知足者长寿，忧惧者短命

【原典】

荀子曰："故向万物之美而不能嗛也。假而得间而嗛之，则不能离也。故向万物之美而盛忧，兼万物之美而盛害。如此者，其求物也，养生也？粥寿也？"

【古句新解】

荀子说："享受着万物之美而感觉不到满足，即使有瞬间的满足，仍然无法摆脱烦恼。享受着万物之美却还忧虑，拥有着优厚的资源却成了祸害。像这样追求物质利益，究竟是为了保养生命，还是损害生命呢？"

自我品评

中国有一句俗话："知足者常乐。"凡事都一分为二来看，就能淡化胸中的不平。有得就有失，有失亦有得，这是日常生活的辩证法，问题是如何看待"得"与"失"。抛弃一些尘世的烦扰，留一片开阔的天空给心灵安个家。其实快乐与金钱、权势、名声、地位都无关，真正能给我们带来快乐的是一份淡泊的心境！我们只要放下该放下的东西，就会每天拥有阳光清新的日子、一份仁厚清静的心境，就会无憾无悔地走到生命尽头。其实这就是一种超然与豁达。

荀子认为，心怀忧惧，则会寝不安眠、食不甘味，对外界一切美好的事物都失去兴趣，甚至听而不闻、视而不见。科学家的研究成果

第八章 好荣恶辱
——荀子这样说荣辱

为荀子的说法提供了科学依据。研究显示，一个人的情绪会影响到其对不同味道的敏感度。在一项有关大脑化学物质平衡与味觉关系的研究中，研究者给 20 名志愿者服用两种抗抑郁药，并测试他们对不同味道的敏感性，结果发现服用能提高血液中复氨酸含量药物的志愿者对甜味和苦味更敏感，服用能提高血液中去甲肾上腺素含量药物的志愿者对苦味和酸味鉴别力提高，而那些焦虑程度高的志愿者对苦味和咸味则不太敏感。此前有研究表明，抑郁症患者等心情沮丧的人，其大脑中的复氨酸或甲肾上腺素水平相对较低。

中医讲"气"，《黄帝内经》认为："许多疾病都是由于气机失调引起的。愤怒则气上逆，欢喜则气舒缓，悲伤则气消沉，恐惧则气下陷，遇寒则气收敛，受热则气外泄，受惊则气紊乱，过劳则气耗散，思虑则气郁结。"可见，身体健康与否，与人的心情有着直接关系。而现代医学研究也一致认为，忧虑是影响人身心健康的大敌。它不但会诱发溃疡、高血压、心脏病等诸多生理疾病，还会造成抑郁症等心理疾病。

据说，古时候，残忍的将军要折磨他们的俘虏时，常常把俘虏的手脚绑起来，放在一个不停往下滴水的袋子下面。水，滴着、滴着……夜以继日，最后，这些不停滴落在头上的水，变得好像是用锤子敲击的声音，使那些人精神失常。而忧虑就像不停往下滴的水，通常会使人心神丧失而自杀。这也是每年因为忧虑而死于自杀的人，比死于种种常见传染病的人还要多的重要原因。

当然，这不是荀子的关注点。荀子所要表达的是，人若过于追求外在的物质享受，则难免沉溺于欲望与失望的交替轮换中，心怀忧惧而不得安宁，"向万物之美而不能嗛也"，这样，即使封侯称君，又与穷困潦倒的盗贼何异呢？荀子称之为"以己为物役"，即人为物所支配，失去了独立人格，成为物欲的奴隶，这在荀子看来是最可悲的。

君子循于理，故常舒泰；小人役于物，故常忧戚。庄子也认为被物所役的人生是可悲的。庄子喟然反问道："人为物役，心为形使，

247

终身役役而不见其成功，茶然疲役而不知其所归，可不哀邪？人谓之不死，奚益？"（《庄子·齐物论》）被功名利禄束缚而奔波劳碌，不知道人生的归宿在哪里，这样的人生不可悲吗？这样生不如死，活着又有何意义呢？正是为了摆脱心灵的束缚，庄子才"乘物以游心"（《庄子·人世间》），寄情山水、遨游天地，追求人生的逍遥和精神的自由。

北宋儒学家周敦颐要求受学于他的程颢、程颐兄弟"寻孔颜乐处、所乐何事"（《宋史·道学传》）。由此，"寻孔颜乐处"也成为宋明理学家津津乐道的问题。

"孔颜乐处"何在？"所乐"又是何事呢？《论语》里有两段话可以视为对于"孔颜乐处"的经典描述：

饭疏食饮水，曲肱而枕之，乐亦在其中矣。（《论语·述而》）

一箪食，一瓢饮，在陋巷，人不堪其忧，回也不改其乐。（《论语·雍也》）

吃的是粗茶淡饭，住的是僻巷陋室，孔子、颜回却依然自得其乐。快乐不在于物质享受，而在于精神情操的追求，只要心中有对道的追求，则虽处在贫穷的环境中，也照样可以悠然自在，保持快乐的心境。这是一种安贫乐道、达观自信的处世态度与人生境界。《论语》又载孔子对自己的描述："其为人也，发愤忘食，乐以忘忧，不知老之将至云尔。"（《论语·述而》）可见，所谓"孔颜乐处"，不是乐其贫，而是乐其道也。

电视剧《闲人马大姐》中的刘奶奶几乎无人不晓，她的扮演者金雅琴，如今已是八十高龄的老人了，可是，那旺盛的精力、敏捷的思维，谁见了都会赞叹不已。

谈到养生的话题，金老说："开朗乐观、心情舒畅是身体健康的重要因素，而忧愁郁闷则是人体衰老的催化剂。"金老不论在什么情况下，都始终保持着开朗乐观的心境，顺利时是这样，身处逆境也是如此。她认为，人生不如意十常八九，不要去计较，随遇而安，淡泊名利，这样就会发现生活的美好，才能知足常乐，怡然自得。

第八章 好荣恶辱
——荀子这样说荣辱

英国大文豪狄更斯曾劝导世人说:"莫把烦恼放心上,免得白了少年头;莫把烦恼放心上,免得未老先丧生。"诺贝尔医学奖获得者卡瑞尔博士也曾说:"不知如何克服忧虑的人,往往英年早逝。"人无泰然之习惯,必无健康之身体。这就注定了忧郁的林黛玉不能命久,也注定了被称为"千古伤心"之人的纳兰性德会英年早逝。

当今社会,人人都对身心健康无比重视。但落实到实际中,人们往往只注意到了饮食、医药的效用,却忽略了心态对健康的影响。殊不知,豁达乐观、避免忧愁才是保养身心之道。一个人如果每天在惶恐、忧虑中度过,那么无论对饮食多么讲究,都难逃精力耗尽、生气全无的命运。

所以,知足的含义并不在于我们拥有多少财富,而是在于我们的心境。我们的一生有很多的幸福,只要具备宽容、知足的态度,不要总是担心自己得到的太少,能够索求有度,让自己丢掉那些不值得带上的包袱轻装上路,人生的旅途就会变得轻松、快乐。

"一念之欲不能制,而祸流于滔天",这是《圣经》上的一句箴言。知足与贪婪凶残、阴险卑鄙、阿谀奉承高度绝缘。知足者包容万象,谦谦为怀,遇喜怒哀乐皆泰然处之,尝酸甜苦辣均受之如饴。相反,不懂知足,成天为自己的得、失、名、利计较的人,只会被各种各样、没完没了的焦躁和烦恼困扰,内心岂能宁静安详!

当做君子，勿做小人

【原典】

荀子曰："君子是以有终身之乐，无一日之忧。"

【古句新解】

荀子说："君子终身快乐，没有一天忧虑。"

自我品评

千百年来，正义、善良因君子之为而生，和平、美好、正义缘君子风范凛然伫立于世。所以，做人应言行一致，要不屑于名和利；为官不听谗言媚语，不让利益迷惑了心智，始终保持着一双明亮的眼睛，一颗坚贞的心。

"君子"这个词，本义是"君之子"。在春秋以前，"君子"基本上都是指上流社会有身份的人。而与之相对的"小人"，也就是指不属于上流社会的平民百姓。在贵族等级社会里，君子、小人的身份基本上是生下来就注定了的，而且基本上没有改变的可能。出生于上流贵族家庭就是君子，出生于下层社会家庭就是小人。君子基本上是衣食不愁的阶层，享有一定的政治经济特权，因而"礼"对君子的衣食住行、言行举止，要比对小人有更严格的要求。小人大多从事体力劳动，或者其他服务性行当，如做买卖等。小人在政治上没有什么权利，"礼"对小人的要求，也比较低一点，这就是所谓的"礼不下庶人"。

有的时候，如果一个君子不太遵守礼仪，举止粗鲁，说话做事跟他的身份不相称，别人就会说："你看他，哪像个君子，简直是个小人!"有的时候，一个小人也会表现出杰出的才干和高尚的品德，令那些君子感到自愧不如。

到了春秋时期，礼崩乐坏，社会阶层发生了"高岸为谷，深谷为陵"的巨大变动，贵族地位衰落，平民力量上升，作为固定的社会地位和身份的"君子"、"小人"的界限就变得不是很清楚了。《左传》里面说当时出现了"君子称其功以加小人，小人伐其技以凭君子"的局面，也就是说，君子们不得不一改谦虚礼让的君子风度，厚着脸皮为自己评功摆好，以证明自己有资格处于高于小人的社会地位；而小人们也不再老老实实甘居社会底层，而是纷纷炫耀自己的技能，表明凭自己的本事完全应该享有比君子更高的社会地位。于是"君子"和"小人"这两个概念的内涵也渐渐发生变化，逐渐从区分两个固定的不同社会阶层的含义，转变到评价个人内在道德素质的意义上去了。也就是说，是"君子"还是"小人"，渐渐跟家庭背景、社会阶层、身份职业等等没有关系了，而主要是看个人的道德素质了。

一天，荀子为韩非、李斯等弟子讲解"君子与小人的区别"。

韩非问："先生，君子是一种什么样的人呢？"

荀子回答说："概括而言，君子就是明了礼义，并能亲身实践的人。

"君子学习渊博的知识，且每天检查和反省自己。

"君子尊重别人，但不奢求被别人尊重。

"君子讲究诚信，不以不被人相信为耻。

"君子不会被金钱名誉诱惑。

"君子不诽谤别人，也不怕被人诽谤。

"君子拒绝贿赂，小到小禽小犊不要，大到连整个国家给他都不要。

"君子道德高尚，很容易交许多朋友。君子在朋友之间施行仁义。

"君子为了'礼'、'义'，可以牺牲自己。

"君子称赞别人的美德,但绝不阿谀奉迎,溜须拍马。

"君子指出别人的过失,但绝不挑剔别人。

"君子啊!他的言行犹如日月,人皆仰视。"

李斯问:"先生,那小人是一种什么样的人呢?"

荀子回答说:"概括而言,小人就是好名利、好嫉妒、好声色,不学礼义,不修养身心,任其本性发展下去的人。"

"小人从来不说真话,不讲诚信,到处搞欺骗。

"小人唯利是图,大发不义之财。

"小人嫉恨别人,栽赃陷害别人,好私斗。

"小人一旦掌握了权力,便会耀武扬威,不可一世。

"小人独断专行,听不进别人的劝告。

"小人排挤贤良有功的人,陷害不与他们同流合污的人。

"小人只想独享荣华富贵,从不懂得与人分享。

"小人甚至会公然犯法,成为强盗。

"小人在国家混乱时,会杀父弑君,卖国投敌。"

毫无疑问,荀子赞赏君子,而鄙视小人。荀子教导他的弟子们,做君子,而不做小人。

在现实生活中,究竟是选择做一个君子,还是做一个小人,有智慧的人会毫不犹豫地做出正确的选择。

"君子"、"小人"的概念内涵发生上述变化,跟孔子也有很大关系。孔子经常跟他的弟子们谈论什么是君子,什么是小人,要求弟子们要做"君子儒",不要做"小人儒"。孔子所说的君子、小人,虽然有时还是跟身份和社会地位有点关系,但他更强调的是二者在内在道德素质方面的差别。自孔子之后,"君子"、"小人"概念就基本上用来区分个人道德素质,跟身份、地位没什么关系。也就是说,不管你的官做到多大,如果你缺德,你仍然是个"小人";而平头百姓,道德素质高,也就是"君子"了。因此,不管是谁,只要努力修养道德,完善自我人格,都可以成为"君子"。儒家学说的一个重要方面,就是

第八章 好荣恶辱
——荀子这样说荣辱

想叫人人都成为道德完善的君子。

荀子所说的"君子"、"小人"，主要还是从道德素质的意义上来说的。他认为君子、小人在天生的人性上，在先天的素质、智力、能力方面，是没有什么区别的。之所以成为君子或小人，完全是后天所受到的不同影响及所形成的不同习惯的结果。荀子把个人在不同的处境和环境中接受到不同的影响叫做"注错习俗"。另外，荀子认为，君子和小人作为人，基本的欲望也没有什么不同，只不过他们用来满足自己欲望的途径和手段是不一样的。正因为如此，成为君子还是小人，个人是可以选择的，任何人都可以通过学习、接受教育、道德修养，使自己成为君子。

另一方面，一个人一旦成了"君子"，他就应当承担起与天地参、治理天下，乃至为民做主的责任。因为在荀子的理想社会图景中，君子是社会的管理者和领导者。所以在《荀子》书中，"君子"有时也指理想社会中德位相称的在位者。他说："君子者，天地之参也，万物之总也，民之父母也。无君子，则天地不理，礼义无统，上无君师，下无父子，夫是之谓至乱。"换句话也就是说，君子理应获得跟他的才干和道德水准相应的社会地位和身份，并承担相应的社会责任。只不过这个社会地位和身份不再是一种可以继承的家族遗产，而是后天靠个人的努力"为之，贯之，积重之，致好之"的结果。

君子只管修炼培养自己内在的品德和才能，却不去推销、炫耀自己，更不要说去变着法儿炒作自己。君子耿直、忠良、光明磊落、胸襟坦荡，小人奸邪、卑鄙、污浊、偏激、狡诈。为什么有的人情愿当小人，而不愿当君子呢？其实，有个人原本的意愿是当君子，之所以选择当小人，归根结底是受利益的驱使。

身外无一物，万事皆平常

【原典】

荀子曰："心平愉，则色不及佣而可以养目，声不及佣而可以养耳，疏食菜羹而可以养口，粗布之衣、粗紃之履而可以养体。"

【古句新解】

荀子说："内心平静愉快，所视不过平常之物而仍可养眼，所听不过平常之声而仍可养耳，所食不过粗茶淡饭而仍可养口，所穿不过敝衣烂履而仍可养身。"

自我品评

"熙熙攘攘为名利，时时刻刻忙算计。"所求愈多，所患也就愈多：太在乎事情能否成功，太在乎成败会给自己带来什么，太在乎别人怎么评价自己，这样却恰恰忽略了事情本身。在这样的重荷之下，结果往往事与愿违，越想得到，却往往越易失去。

美国斯坦福大学的一项研究表明，人大脑里的某一图像会像实际情况那样刺激人的神经系统。比如，当一个高尔夫球手击球前一再告诫自己"不要把球打进水里"时，他的大脑里就会出现"球掉进水里"的情景，这时候球大多真会掉进水里。

与斯坦福大学的研究成果相呼应，心理学上有一个著名的"瓦伦达心态"。瓦伦达是美国一个著名的高空走钢索的表演者，他在一次重大的表演中不幸失足身亡。他的妻子事后说，我知道这一次会出事的，因为他上场前不停地念叨:"这次太重要了,不能失败。"而以前每次成功的表演,他总是专注于走钢丝这件事本身,而不去管这件事可能带来的后果。

中国古代也有一个类似的故事。我们都知道"后羿射日"的传说,据说后羿练就了百步穿杨的本领,箭箭射中靶心,几乎从未失手。人们争相传颂他高超精湛的射技,夏王闻听后也欲一睹为快。一天,夏王把后羿召入宫中,他指着一块一尺见方、靶心直径大约一寸的兽皮箭靶对后羿说:"今天请你来展示一下你的本领,这个箭靶就是你的目标。如果射中,赏赐你黄金万两;如果射不中,削减你一千户的封地。"听了夏王的话,后羿面色凝重地走到离箭靶百步的地方,取箭搭弓,开始瞄准。想到自己这一箭射出去可能发生的结果,一向镇定的后羿呼吸变得急促起来,拉弓的手也开始微微发抖,瞄准再三终于松开了弦,箭应声而出,钉在离靶心足有几寸远的地方。后羿脸色苍白,再次挽弓搭箭,射出的箭偏得更加离谱。夏王掩饰不住心头的疑惑,问左右道:"这个神箭手平时百发百中,为什么今天表现会如此失常呢?"左右解释说:"后羿平日射箭,不过是一般练习,在一颗平常心之下,水平自然可以正常发挥。可是今天他射出的成绩直接关系到他的切身利益,叫他怎能静下心来充分施展技艺呢?看来,一个人只有真正把赏罚名利置之度外,才能成为当之无愧的神箭手啊!"

人世间最难得的就是拥有一颗平常心,不为虚荣所诱、不为权势所惑、不为金钱所动、不为美色所迷、不为一切的浮华沉沦。

有一个人曾经问慧海禅师:"禅师,你可有什么与众不同的地方呀?"

慧海禅师答道:"有!"

"那是什么?"这个人问道。

慧海禅师回答:"我感觉饿的时候就吃饭,感觉疲倦的时候就睡觉。"

"这算什么与众不同的地方,每个人都是这样的呀,有什么区别呢?"这个人不解地问。

慧海禅师答道:"当然是不一样的了!他们吃饭的时候总是想着别的事情,不专心吃饭。他们睡觉的时候也总是做梦,睡不安稳。而我吃饭就是吃饭,什么也不想,我睡觉的时候从来不做梦,所以睡得安稳。这就是我与众不同的地方。"

慧海禅师继续说道:"世人很难做到一心一用,他们总是在利害得失中穿梭,囿于浮华宠辱,产生了'种种思量'和'千般妄想'。他们在生命的表层停留不前,这成为他们最大的障碍,他们因此而迷失了自己,丧失了'平常心'。要知道,生命的意义并不是这样,只有将心融入世界,用平常心去感受生命,才能找到生命的真谛。"

所以在禅宗看来,一个人能明心见性,抛开杂念,将功名利禄看穿,将胜负、成败看透,将毁誉得失看破,就能达到时时无碍,处处自在的境界,从而进入平常的世界。

在今天处处充满诱惑的社会中,能保持一颗平常心并非易事。在平常心的世界里,一切都被看得平平常常,即"身外无一物,万事皆平常"。

我国著名的乒乓球运动员王楠就有着这样一颗平常心。她认为,在乒乓球比赛中,输赢都是很正常的,谁也不可能只赢不输,重要的是保持一颗平常心,保持一份良好的心态,这对于像乒乓球这样的对抗性比赛尤为重要。在第45届世界乒乓球赛女子单打决赛中,王楠在先输两局的情况下,凭借自己过人的心理素质,在最后三局比赛中出色地发挥了自己的水平,连胜三局,最终取得了女子单打的世界冠军。

拥有一颗平常心,就拥有了一种豁达、一种超然。失败了,转过身揩干痛苦的泪水;成功了,向所有的支持者和反对者报以喜悦的微笑。

其实,无论是比赛还是生活都如同弹琴,弦太紧会断,弦太松弹不出声音,保持平常心才是悟道之本。

现在的人们为了追求所谓幸福的日子,不惜透支健康、丧失尊严、

第八章 好荣恶辱
——荀子这样说荣辱

出卖人格以换取票子、车子、房子、权力等。到垂暮老矣之时，才发觉年轻时孜孜以求的东西是那么虚无缥缈，而对生命产生新的感悟，终于明白平常心是真谛、是福气。

拥有一颗平常心，就不会浮躁，不会焦灼，不会被欲望占满，更不会让灵魂搁浅在无氧的空间里。拥有一颗平常心就拥有一种正确的处世原则，一份自我解脱、自我肯定的信心与勇气，不会高估自己，也不会自甘堕落。拥有一颗平常心就不会只追求物质的奢华，而把自己的灵魂淹没在如潮的尘海中。因为更多的时候，生活不是让我们追求外在的繁华，而是求得内心的平静与安宁。

用一颗平常心去对待、解析生活，就能领悟生活的真谛，才会体悟平平淡淡才是真谛！保持平常心，少一分虑患，即多一分安宁、多一分幸福。